Chico Xavier

de encarnação
a encarnação

EDITORA
EME

Solicite nosso catálogo completo, com mais de 350 títulos, onde você encontra as melhores opções do bom livro espírita: literatura infantojuvenil, contos, obras biográficas e de autoajuda, mensagens espirituais, romances palpitantes, estudos doutrinários, obras básicas de Allan Kardec, e mais os esclarecedores cursos e estudos para aplicação no centro espírita – iniciação, mediunidade, reuniões mediúnicas, oratória, desobsessão, fluidos e passes.

E caso não encontre os nossos livros na livraria de sua preferência, solicite o endereço de nosso distribuidor mais próximo de você.

Edição e distribuição

EDITORA EME
Caixa Postal 1820 – CEP 13360-000 – Capivari – SP
Telefones: (19) 3491-7000 | 3491-5449
Vivo (19) 9 9983-2575 ☯ | Claro (19) 9 9317-2800
vendas@editoraeme.com.br – www.editoraeme.com.br

THEREZINHA RADETIC

Chico Xavier

de encarnação a encarnação

RECORDANDO CHICO XAVIER

Não persigas, não atrapalhes, não desconsideres, não menosprezes e nem prejudiques a ninguém, porque sofrer é muito diferente de fazer sofrer e a dívida é sempre uma carga dolorosa para quem a contraiu.

Capivari-SP
– 2019 –

Os direitos autorais desta obra foram cedidos pela autora para a Editora EME, o que propicia a venda dos livros com preços mais acessíveis e a manutenção de campanhas com preços especiais a Clubes do Livro de todo o Brasil.

A Editora EME mantém o Centro Espírita "Mensagem de Esperança" e patrocina, junto com outras empresas, instituições de atendimento social de Capivari-SP.

1ª reimpressão – fevereiro/2019 – de 3.001 a 6.000 exemplares

CAPA | André Stenico
PROJETO GRÁFICO E DIAGRAMAÇÃO | Marco Melo
REVISÃO | Rubens Toledo

Ficha catalográfica

Radetic, Therezinha, 1928 – 2018
    Chico Xavier – de encarnação a encarnação /
Therezinha Radetic – 1ª reimp. fev. 2019 – Capivari-SP:
Editora EME.
    200 p.

    1ª ed. jan. 2019
    ISBN 978-85-9544-087-6

1. Espiritismo. 2. Biografia. 3. Casos sobre Chico Xavier. 4. Reencarnações de Chico Xavier.
I. TÍTULO.
                                        CDD 133.9

SUMÁRIO

Apresentação

DISCORRER SOBRE CHICO XAVIER parece-nos uma tarefa difícil, pois vários luminares da doutrina espírita, muitos que com ele conviveram durante apreciável tempo, entretendo momentos de profundo conhecimento de sua magnífica personalidade, já tiveram a oportunidade de pesquisar sua trajetória luminosa.

Sua obra tem sido estudada, analisada e festejada por muitos, embora mal compreendida por alguns.

Portanto, ter a coragem de escrever sobre Chico, que visitávamos e com quem correspondia, e também a pedido do Editor, a quem ficamos profundamente agradecidos, surge-nos como um convite ao estudo e à meditação em torno de uma vida plena de exemplos altamente significativos, que enriquecerão a nossa jornada, eivada de dificuldades, mas plena do desejo de progresso e iluminação.

Não somos realmente quem o conheceu com profundeza nessa presente encarnação, embora tenhamos sido agraciados (perceberão isso através do nosso relato) por cartas cheias de ensinamentos, de revelações, de beleza, que nos emocionaram profundamente em nossa troca de correspondências.

Deixamos aqui expressa, no nosso soneto, a admiração que nutrimos pelo seu mandato mediúnico, o qual soube honrar com responsabilidade, trabalho, perseverança e infinita bondade, espalhando, em torno de seus passos, o perfume de sua sensibilidade, a grandeza de sua mente e a profundeza de seu magnânimo coração.

Visitando Chico Xavier

Vim me banhar no eflúvio de bondade
que no teu coração se faz essência;
quero aprender contigo a caridade
que espalhas a mãos cheias na existência.

Teu mandato nos prova que há verdade
em tuas mãos, tão plenas de clemência;
que a vida além da morte é claridade
brilhando na sublime quintessência.

Beijo-te a face quase como um sonho!
Neste pequeno verso que componho
deixo-te o coração, minha ternura.

Amenizando a dor, a desventura
que o mundo sofre sem poder contê-las
tu brilharás, um dia, entre as estrelas!

Therezinha Radetic

Este soneto foi escrito quando de uma visita nossa ao querido médium.

A VIDA NÃO CESSA

Uma existência é um ato
Um corpo, uma veste.
Um século – um dia.
Um serviço, uma experiência.
Um triunfo – uma aquisição.
U'a morte – um sopro renovador.

André Luiz

ALGUMAS PALAVRAS SOBRE CHICO XAVIER:

Se alguma pessoa na Terra, presentemente, me lembra a Divina Presença de Jesus, inegavelmente essa pessoa é Chico Xavier.

Carlos Baccelli

Chico Xavier: Um beijo de Amor Celeste na face do Brasil.

Folha de São Bernardo

Chico Xavier: uma criança que se fez homem ou um homem que se fez criança para melhor nos ajudar a encontrar o Reino de Deus.

Adelino da Silveira

DEDICATÓRIA

ESTE LIVRO VISA REVERENCIAR a figura muito querida do médium Francisco Cândido Xavier, em cujas obras, na forma de prosa ou poesia, sempre buscamos inspiração para o nosso trabalho de exposição. Recordando o seu vulto – marco na história do Espiritismo do Brasil –, inserimos a fotografia que nos foi enviada em 1949 com carinhosa dedicatória.

"Pedro Leopoldo, 17 de maio de 1949. À querida Irmã Therezinha, a quem estimo e admiro muito, envio esta lembrança, pedindo-lhe um retratinho dos seus."

Chico Xavier

Capítulo I

Chico no início de sua vida

Francisco Cândido Xavier! Passados mais de 15 anos de sua desencarnação, Chico continua lembrado pelos que o admiram, principalmente, no exemplo de dedicação à causa espírita.

Biografado por vários luminares do espiritismo, aplaudido por muitos, incompreendido pelos descrentes, até mesmo pelos próprios espíritas, e perseguido pelos profitentes de outras religiões, assumiu, com devotamento, seu mandato de amor.

Pertencem-lhe as seguintes afirmativas: *"Quem é perseguido, muitas vezes, ainda consegue ir adiante, principalmente se tiver sido perseguido de maneira injusta; mas quem persegue não sai do lugar."* E ainda: *"Embora ninguém possa voltar atrás e fazer um novo começo, qualquer um pode começar agora e fazer um novo fim."*

Renascido em Pedro Leopoldo, MG, a 2 de abril de 1910, chamava-se realmente Francisco de Paula Cândido, passando depois a assinar Francisco Cândido Xavier, nome que adotou literariamente. A pobreza de Chico era por demais conhecida. Seu pai vendia bilhetes de loteria e sua mãe era simples lavadeira.

Marlene Rossi Severino Nobre, no 2º volume da *Coletânea Folha Espírita*, conta-nos como se processou a primeira infância de Chico.

> Desde a primeira infância, fatos insólitos aconteciam em sua vida: aos 4 anos repetiu aos pais os ensinamentos que lhe eram ditados pelos espíritos a respeito de problemas de saúde de uma vizinha; e depois do falecimento de sua mãe, ocorrido a 29 de setembro de 1915, passou a vê-la e a conversar com ela.
>
> Os fenômenos, que ocorriam de forma tão natural e constante em sua vida, eram rechaçados invariavelmente por aqueles que o cercavam, uma vez que a pequena Pedro Leopoldo, como toda cidade mineira, estava impregnada do catolicismo do início do século. Isso, como é natural, criou conflitos psicológicos muito grandes para o menino ingênuo. Se contava que havia visto a mãe (desencarnada) e conversado com ela, apanhava ainda mais da madrinha – a mulher perturbada, sob cuja guarda ficou, durante mais de dois anos, após a morte de sua mãe – e que o surrava normalmente três vezes ao dia, sem perdão de um único dia da semana, além de outras sevícias.
>
> Suas visões e conversas com os seres de outro

mundo pontilharam sua vida escolar – ele conseguiu fazer somente o curso primário –, fossem nas suas visitas à igreja católica, hábito no qual foi educado por sua mãe, ou no seu local de trabalho. Sebastião Scarzelli, seu padre confessor, passava-lhe penitências a fim de livrá-lo dos demônios, mas as aparições continuavam.

Conta-nos Carlos Baccelli em seu livro *Chico Xavier, o apóstolo da paz*:

Sofrendo as agruras da falta de alimento que lhe impunha a madrinha, acontecia o seguinte: Chico, brincando no quintal, passou – de maneira até muito natural para a compreensão infantil – a receber a visita de um cão enorme, que trazia para ele um jatobá! (O intrigante episódio repetido faz-nos lembrar o profeta Elias, refugiado em lugar ermo, a quem, conforme está em I Reis, 17:4 e 6, Jeová ordenou a alguns corvos o alimentassem diariamente de pão e carne, e assim aconteceu.).

Disse-nos o médium que o cachorro chegava sempre no mesmo horário, trazendo o jatobá – fruta brasileira formada de vagem grossa e longa, contendo arilos farináceos comestíveis, de sabor não muito agradável, mas de alto valor nutritivo. Trazia-o entre os dentes e depositava-o a seus pés. Todavia, menino de pouco mais de 5 anos de idade, que poderia fazer para romper a dura casca, semelhante a uma couraça?

Emocionado, Chico explica, então, que o dócil animal – o qual ele não saberia dizer se se tratava de um cão da Terra ou do Além –, notando sua incapacidade de quebrar o jatobá, partia-lhe a casca, com a força das mandíbulas, e só se retirava quando Chico começava a comê-lo!

O fato, prodigioso para alguns e absurdo para outros, revela o zelo da Vida Maior com aquele que, tendo renascido em meio a tantas dificuldades e provações, estava predestinado a desempenhar sublime missão entre as criaturas na Terra.

Antes de completar 9 anos, trabalhou na fábrica de tecidos para auxiliar no sustento da casa. Cidália, a segunda esposa de seu pai, anjo de bondade em suas vidas, tivera mais seis filhos; ao todo, seu João Cândido foi pai de 15. Desde cedo, Chico esqueceu-se de si próprio para auxiliar no sustento e educação dos irmãos. Caiu doente dos pulmões com o trabalho da tecelagem, passou, então, a auxiliar de cozinha no Bar do Dove; depois, por alguns anos, foi caixeiro de um pequeno armazém de propriedade do Sr. José Felizardo Sobrinho e, finalmente, entrou para o Ministério da Agricultura, prestando serviço na Fazenda Modelo de sua cidade, aposentando-se, após 35 anos de trabalho, em Uberaba, MG, sem nunca ter tirado férias ou faltado ao serviço, no cargo de escriturário.

Falamos que Chico só fez o curso primário. Na escola, costumava ver e ouvir outros espíritos e, em especial, um que o ajudava a realizar seus deveres escolares. Algumas vezes, escrevendo redações a pedido da professora, ganhava prêmios, embora avisasse à mestra que alguém lhe ditava o que teria que escrever. Ela, entretanto, informava-lhe: "Não acredite que está ouvindo estranhos. Está ouvindo a você mesmo. E não fale mais nisso".

Tanta redação bonita compôs Chico, que a professora – dona Rosália – acabou reconhecendo que, se não fora copiado, era dos espíritos. Entretanto, Chico passou, então, a sofrer toda a sorte de preconceitos e agressões por parte do Clero, dos vizinhos e da família.

Em 1927, após a cura de uma de suas irmãs, de séria obsessão, Chico inicia-se no estudo da doutrina espírita e, em maio desse ano, participava da primeira sessão espírita no lar dos Xavier, em Pedro Leopoldo; em junho, pensou-se em fundar um núcleo doutrinário, que surgiu em 1927 – o C. E. Luís Gonzaga, construído onde se erguia, anteriormente, a casa de Maria João de Deus, mãe de Chico. Em 8 de julho daquele ano, tornou-se pública a atuação do Grupo.

De início, psicografou pequenas comunicações e, em seguida, *Cartas de uma morta*. Nesse livro, sua mãe revela a vida em Marte e Saturno.

Capítulo II

A Mediunidade de Chico

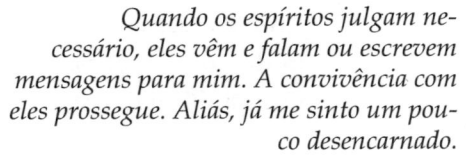

*Quando os espíritos julgam ne-
cessário, eles vêm e falam ou escrevem
mensagens para mim. A convivência com
eles prossegue. Aliás, já me sinto um pouco desencarnado.*

Chico Xavier

RANIERI, EM SEU LIVRO *Recordações de Chico Xavier,*
nos fala:

> Chico tinha as seguintes mediunidades: psi-
> cografia, vidência, clarividência, incorporação,
> desprendimento, transporte, materialização.
> Enquanto escreve, seu espírito desprende-se do
> corpo e permanece na sala, no plano espiritual,
> conversando com outros espíritos ou recebendo
> instruções; nessa hora, pode estar recebendo,

como já ocorreu, mensagens em duas línguas diferentes, inglês e francês, fato relatado pelos jornais e por Carlos Imbassahy, escritor espírita."

Vejamos o depoimento de Ismael Gomes Braga – pequena biografia publicada em Esperanto e Japonês (na revista *Oomoto*, de Kameoka, Kioto-hu, em 1963), página divulgada no *Reformador*, também de 1963, páginas 243-244, sobre Francisco Cândido Xavier.

Sua mediunidade manifestou-se quando ele estava com 4 anos de idade, pela clariaudiência e clarividência, pois que ele via e ouvia os espíritos e conversava com eles sem a mínima suspeita de que não fossem homens normais do nosso mundo. O pai, então, o supôs louco, porque ele conversava inteiramente sozinho, na aparência, e mostrava pessoas invisíveis para todos os outros.

Chico reconhece três períodos distintos em sua vida mediúnica. A primeira, dos 4 aos 17 anos, época em que via sua mãe e estava sob a influência de entidades felizes e infelizes; a segunda, dos 17 aos 21 anos, quando conheceu o Espiritismo e psicografou mensagens dos espíritos amigos e que foram inutilizadas, a pedido deles, por se tratarem de esboços e exercícios de adestramento; e, finalmente, o terceiro período, de 1931 até os últimos anos de sua existência, que se iniciou com a presença do espírito-guia Emmanuel, quando o benfeitor assumiu o encargo de orientar suas atividades mediúnicas.

Quando tinha 17 anos, fundou-se o grupinho espírita "Luiz Gonzaga", em Pedro Leopoldo, e então se lhe desenvolveu rapidamente a psicografia, isto é, a faculdade de escrever mensagens ditadas pelos espíritos. Começou logo a receber poemas de famosos poetas mortos, num nível literário algumas vezes mais alto do que ele próprio e os outros componentes do seu grupinho podiam compreender.

Emmanuel identificou-se como seu guia, a fim de ajudá-lo no cumprimento de sua missão. Logo nos primeiros contatos, em 1931, Emmanuel travou um diálogo com Chico, passando a ele duas orientações básicas para o trabalho que deveria desempenhar, reforçando que, fora de qualquer uma delas, ele falharia em sua missão. Segue a descrição da primeira conversa travada e narrada posteriormente por Chico Xavier:

– Está você realmente disposto a trabalhar na mediunidade com Jesus?

– Sim, se os bons espíritos não me abandonarem... – respondeu o médium.

– Não será você desamparado – disse-lhe Emmanuel. – Mas para isso é preciso que você trabalhe, estude e se esforce no bem.

– E o senhor acha que eu estou em condições de aceitar o compromisso? – tornou Chico.

– Perfeitamente. Desde que você procure respeitar os três pontos básicos para o serviço...

Porque o protetor se calasse, o rapaz perguntou:

– Qual é o primeiro?

A resposta veio firme:
– Disciplina.
– E o segundo?
– Disciplina.
– E o terceiro?
– Disciplina.

A segunda orientação de Emmanuel para o médium foi descrita por ele da seguinte maneira:

> Lembro-me de que em um dos primeiros contatos comigo, ele me preveniu que pretendia trabalhar ao meu lado, por tempo longo, mas que eu deveria, acima de tudo, procurar os ensinamentos de Jesus e as lições de Allan Kardec. E disse mais: que, se um dia, ele, Emmanuel, algo me aconselhasse que não estivesse de acordo com as palavras de Jesus e Kardec, que eu devia permanecer com Jesus e Kardec, procurando esquecê-lo.

Em relação à mediunidade de Chico, vejamos o que nos diz Suely Caldas Schubert em seu livro *Testemunhos de Chico Xavier*, nas páginas 148 e 149:

> Se nos detivermos com mais atenção na missão de Chico Xavier, encontraremos no seu transcurso fases nítidas, marcantes, assinalando determinadas épocas em que o tipo de labor atende a faixas evolutivas próprias.

Segundo Suely, mesmo com essas fases diversas, houve de maneira geral três períodos bem distintos. Para nossa compreensão usaremos a mensagem de Emmanuel, no livro *Seara dos médiuns*, que assim se inicia:

> A intervenção franca do plano espiritual, no plano físico, pode ser admitida no conceito popular como embaixada portadora de metas decisivas, a definir-se em três períodos essenciais: aviso, chegada e entendimento.

Extrapolando para o caso de Chico Xavier, vamos encontrar com a publicação de *Parnaso de Além-túmulo* a fase do *aviso* da tarefa que se inicia. Esse *aviso* veio por meio de quatorze poetas, num total de sessenta produções mediúnicas. Não poderia haver mais bela forma de se apresentarem. Cantando a imortalidade da alma, os poetas desencarnados, ao mesmo tempo em que trazem notícias da continuidade da vida, consolam as almas terrenas. Foi, portanto, um *aviso* retumbante que ecoou por todo o País.

Em seguida, a época dos livros *Emmanuel, a caminho da luz; Brasil, coração do mundo, pátria do Evangelho; Paulo e Estêvão,* e dos romances *épicos,* determinando a *chegada* da equipe espiritual, que então inicia realmente o seu mister. Finalmente, com o livro *Nosso Lar,* de André Luiz, instala-se o terceiro período: *o do entendimento.* Nesse momento, os Embaixadores da Luz se aproximam de nós para narrar as minúcias da vida espiritual, para trazer notícias da vida além da vida, aprofundando-se nos mistérios da existência humana, que então se tornam claros e acessíveis ao entendimento comum.

É a coleção André Luiz, que foi sendo ditada aos poucos; o início dos livros infantis; a série *Caminho, verdade e vida, Pão nosso, Vinha de luz* e *Fonte viva;* é a época de *Ave Cristo!,* que encerra o ciclo dos romances; os livros *Roteiro* e *Pensamento e vida;* e a notável série de livros em que Emmanuel comenta as obras da codificação.

Caso interessante nos foi relatado no livro de Clóvis Tavares, *Trinta anos com Chico Xavier*, nas páginas 72 e 73.

Na noite de 15 de fevereiro de 1940, recebemos delicado convite do Dr. Rômulo Joviano, diretor da Fazenda Modelo de Pedro Leopoldo, subordinada ao Ministério da Agricultura, e também nosso confrade, para uma reunião em sua casa com a presença do nosso Chico.

Dr. Rômulo Joviano teve também, como várias vezes me relatou (inclusive muito recentemente, a 29 de junho de 1965, aqui em Campos), as mais belas provas da sobrevivência da alma através da mediunidade xenoglótica de Chico Xavier. Havendo estudado no Reino Unido, onde se laureou pela Universidade de Edimburgo, Escócia, lá se fez íntimo amigo de um jovem inglês, Alexander

Seggie, seu companheiro de estudos, e, mais tarde, professor de Filosofia Platônica e Kantiana na mesma Universidade. Esse jovem professor, de quem Dr. Rômulo me traçou maravilhoso perfil espiritual, desencarnou na Primeira Grande Guerra, em território francês. Pois o Chico, que tudo ignorava a respeito de Alexander Seggie, de sua cultura filosófica, de sua elevada nobreza de espírito, de sua amizade ao seu colega, a quem chamava, num trocadilho, "Jove" (Júpiter, em inglês), o Chico dele recebeu, dirigidas a Dr. Rômulo, várias mensagens, em inglês, língua que, naqueles recuados tempos, desconhecia completamente, pois, se havia cursado apenas a escola primária, conhecera tão somente, logo depois, os serviços noturnos e sacrificiais na Fábrica de Tecidos e o modesto trabalho de caixeiro de venda, dia e noite... E nessas mensagens, identificava-se fielmente o jovem professor da universidade escocesa!

Relatou-me ainda Dr. Rômulo que o Chico também psicografou uma mensagem em língua inglesa, mais ou menos na mesma época, dirigida ao cônsul da Inglaterra em Belo Horizonte, o Sr. Harold Walter. Esse fato também é citado num estudo do Dr. César Burnier, advogado em Belo Horizonte, publicado no jornal *Síntese*, da capital mineira, de 31 de janeiro de 1944, e também num artigo do mesmo Dr. Burnier na revista portuguesa *Estudos Psíquicos*, de Lisboa, de novembro de 1951. O fato foi relatado pelo próprio cônsul ao articulista, de quem é particular amigo. Daí em diante, muitos outros livros foram psicografados e, quando de sua desencarnação, contavam-se mais de 450, dos quais não recebeu um centavo.

Sobre o receituário de Chico, em *Bezerra de Menezes e Chico Xavier*, nas páginas 110 e 111, de Jorge Jonas Martins, encontramos o seguinte: "A extensão do atendimento médico através da mediunidade de Chico Xavier, com o passar do tempo e com a popularização da querida figura do médium, só fazia crescer".

Chico comenta sobre o atendimento às multidões:

> Certa vez, fitando centenas de pessoas que estavam em nosso grupo, numa noite de sábado, perguntei a mim mesmo, em pensamento: Que fazer, meu Deus! Ouvi a voz do Dr. Bezerra, rente aos meus ouvidos: "E o Cristo disse: tenho compaixão da multidão" (*Chico e Emmanuel*, p. 43).

Afirma Ubiratan Machado: "Nas sessões públicas, psicografava cerca de 700 receitas" (*Chico Xavier – Uma vida de amor*, p. 57). O que impressiona é que cada consulente só colocava no papel o nome, e aguardava a receita homeopática, que vinha exata para o que se precisava. Laerte Agnelli indagou de Chico Xavier o mecanismo de funcionamento desses receituários: "Cada um de nós tem um ou mais amigos que nos acompanham. Chamados também de anjos da guarda, guias, guardiões etc. Ora, é um desses espíritos que acompanha o papel com o nome e conta os sintomas para o Dr. Bezerra de Menezes, que prescreve a receita" (*Traços de Chico Xavier*, p. 147). É simples, mas surpreendente, pois o Dr. Francisco Menezes Dias da Cruz – aquele que curou Bezerra de Menezes da dispepsia, quando encarnado – escreveu no seu livro *Patologia geral* que um médico, para um diagnóstico preciso, deve em média fazer mais de 40 perguntas ao paciente, chegando mesmo a traçar um quadro das perguntas que se devem fazer no exame médico (p. 471-473). Já que Chico Xavier estava sempre na frequência do Dr. Bezerra, às vezes o receituário funcionava até pelo telefone.

Sobre as curas de Chico Xavier damos a palavra a Carlos Baccelli no livro *Chico – O apóstolo da fé*, p. 134 e 135:

> Contou-nos um casal amigo de Chico Xavier, o Sr. João Vicente Coelho e D. Anna, que, tempos atrás, estando na residência do médium, em Uberaba, presenciou o seu encontro com um jovem japonês que, falando através de intérprete, lhe descreveu o fato acontecido com ele. Sofrendo de leucemia e desenganado pelos melhores especialistas, o rapaz teve acesso a um vídeo do médium que o mostrava em ação no Brasil. Ao ver Chico atendendo a multidão e psicografando, foi ele tomado pela certeza íntima de que aquele

homem, que nunca houvera visto antes, haveria de curá-lo. Emocionado e diante de várias testemunhas em visita ao médium, o nipônico contou que, naquela mesma noite, o espírito do médium, acompanhado de dois outros desconhecidos para ele, esteve em sua casa, no Japão, e lhe impôs as mãos à altura da medula, chegando, inclusive a massageá-la diretamente. Daquele dia em diante, ele começou a recuperar-se, e os exames feitos a *posteriori* surpreenderam os médicos, os quais o deram por curado!"

Interessante é que, segundo a narrativa dos idôneos companheiros de ideal, uma senhora que, até então, tudo ouvia em silêncio, esperava para presentear o Chico com uma tela na qual estava pintada a imagem de um dos nossos Benfeitores Espirituais. Ao ser desembrulhado o presente, o moço curado da leucemia apontou para o quadro nas mãos do médium e, em lágrimas, identificou na figura do Dr. Bezerra de Menezes um dos outros dois espíritos que haviam intercedido em seu favor, a milhares de quilômetrosl... Então, com o desapego que lhe é característico, pedindo permissão à distinta doadora, Chico passou o quadro do Dr. Bezerra às mãos do rapaz e pediu-lhe que o levasse consigo para a Terra do Sol Nascente!

Sobre as cartas psicografadas por Chico, fala-nos Carlos Baccelli no livro já citado, às páginas 114 e 115:

A paciência de Chico em atender as pessoas que sempre o procuravam, em busca de uma mensagem psicografada de um ente querido que partira para o Mundo Espiritual, era notável. Com uma prancheta nas mãos, o médium anotava certos dados essenciais à sintonia, ouvindo com atenção o relato dos familiares desesperados, mormente dos pais que haviam ficado sem a presença física dos filhos. Naqueles rápidos minutos de diálogo, Chico pronunciava palavras de consolo e de encorajamento e, não raro, ali mesmo transmitia preciosos recados do Além, referindo-se aos espíritos que, através da vidência, anotava, na companhia dos consulentes. Quando deles revelava os nomes e descrevia os traços fisionômicos aos familiares saudosos, estes caíam em incontido pranto e, mesmo que, depois, não viessem a obter, no transcurso da reunião, as tão esperadas notícias psicografadas, retiravam-se com a certeza da imortalidade.

Conta ainda o discípulo de Chico Xavier que, por mais de duas horas, o médium mantinha contato direto com os integrantes da fila que se formava para o "Correio do Além", aconselhando, prescrevendo medicamentos homeopáticos, tranquilizando corações aflitos, recomendando tratamento espiritual...

Quando o relógio apontava para o início da reunião, ele se levantava com dificuldade da cadeira, onde, durante intermináveis minutos, auscultara tantas dores... Caminhando a passos lentos, para tomar lugar à mesa, explicava: – Os problemas dos nossos irmãos me pesam sobre a alma... É como se, aos meus ombros, tivesse sido colocada uma cruz invisível... É que o Chico compartilhava do sofrimento daqueles que derramavam lágrimas sobre o seu coração: comovia-se em ouvir as narrativas de pais que haviam perdido filhos em circunstâncias trágicas...

Continua Carlos Baccelli, na obra já citada:

Recordamo-nos de que, sempre ao final das reuniões, após ler e entregar as páginas que recebera dos espíritos aos seus destinatários, voltando-se para nós, perguntava humilde: – Será que eles ficaram satisfeitos? Será que aceitaram as mensagens por autênticas? Coitados!... Estão sofrendo tanto!...

E mais adiante, às páginas 52 e 53, remete-nos a outro caso interessante, o do doutor Álvaro de Campos Carneiro, então presidente do C. E. Antônio de Pádua, de Mogi das Cruzes, SP, fundado em 1911, que, integrando a equipe de D. Yolanda César, estivera em Uberaba, visitando Chico Xavier. O pequeno grupo reuniu-se para uma sessão de psicografia em sua casa. Eis o que narrou o doutor Álvaro:

Chico escreveu por aproximadamente três horas e, naquela oportunidade, coube-me auxiliá-lo com as folhas de papel... Várias mensagens foram endereçadas a muitos dos presentes. Quando terminou de lê-las, virando-se para mim, que me sentara próximo, falou-me: – Eu não sabia que o senhor era médico... Não – respondi – eu não sou médico, Chico; este anel que você vê no meu dedo é de advogado... Mas – continuou – está aqui o espírito de um jovem entre nós afirmando que foi o senhor quem receitou a primeira mamadeira que ele mamou; o nome dele é Carlos... Fazendo um esforço de memória, lembrei-me de um fato acontecido muitos anos atrás. Em verdade, exercendo esporadicamente a mediunidade receitista, tive oportunidade de cooperar com muita gente que me procurava; mas o caso a que Chico se referia era *sui generis*... Estava no carro, quando fui procurado por uma jovem mãe desesperada; ela acabara de dar à luz e não tinha leite para amamentar o filho... Com pena de vê-la naquela situação, peguei um pedaço de papel qualquer e rabisquei uma receita, ensinando-a a preparar a mamadeira... Ora, como é que o Chico poderia saber de uma coisa desta, se eu mesmo já havia esquecido?... Fiquei estupefato. Em seguida, ele começou a falar dos espíritos que, conosco, em Mogi, haviam sido os pioneiros do Movimento Espírita, nomeando-os um a um – amigos que haviam participado da construção do Antônio de Pádua e da Maternidade da Mãe Pobre...

Apreciemos duas passagens interessantes da vida de Chico:

Numa das belas conferências do querido irmão Newton Boechat, guardamos mais ou menos um lindo caso de Chico Xavier, e agora procuramos sintetizá-lo: Em determinada rua de São Paulo residia uma senhora viúva, que desejava conhecer pessoalmente o querido médium de Uberaba. De uma feita, soube que moradores da casa vizinha iam, em caravana, à cidade de Uberaba para assistir a uma sessão do Chico Xavier. Então pediu à dirigente da caravana para, em outra ocasião, lhe ser permitido tomar parte e levar um presente para o Chico, a quem de longe, mesmo sem conhecê-lo, muito estimava.

Foi-lhe concedido o pedido. E meses depois, nossa irmã, que chamaremos de dona Deolinda, tomou parte na caravana em visita ao humilde e estimado médium. Levou-lhe de presente um bem-feito e lindo bolo, feito com muito amor e muita alegria. Lá chegando, entregou um bolo ao Chico, na parte final da sessão. Chico ficou contentíssimo e, ao parti-lo, pensou um pouco e disse:

– Irmã Deolinda! Perto de nós está o espírito de uma simpática velhinha que diz que foi sua avó e foi quem lhe deu a receita deste bolo...

Dona Deolinda chorou de satisfação e emoção, dizendo ser aquilo uma verdade... Continuou Chico, dizendo ainda que tempos atrás evitou que um dos seus filhos menores morresse queimado... "A senhora estava orando numa igreja, perto da sua casa, e o espírito da sua avó chegou e avisou que havia uma vela acesa perto do berço do seu filho menor. E o vento alcançou o véu do mesmo, que estava se incendiando e em vias de queimar o menino... Dona Deolinda correu. Chegou ainda a tempo, em sua casa, de apagar o véu que, incendiado, já envolvia o berço e o menino...

Dona Deolinda não se conteve, derramando lágrimas de emoção. Foi ao encontro de Chico e o abraçou, agradecida pela graça recebida, e que era um pagamento sincero, humilde, valioso para ela, por retratar uma dádiva inesperada e autenticar o espírito de sua avó! (*Chico Xavier na intimidade* – Ramiro Gama, p. 44 e 45).

Em 1959 Chico mudou-se, a conselho de seu médico, para Uberaba, convidado por Waldo Vieira, também psicógrafo, que, em parceria com Chico lançou 17 obras e fundou a Comunhão Espírita Cristã com a finalidade de dar suporte às tarefas de ambos os médiuns. Juntos, fizeram muitas viagens ao exterior, visitando irmãos nos Estados Unidos e na Europa, com a missão de difundir a doutrina espírita. Chico permaneceu na Comunhão Espírita Cristã até 1975, indo reiniciar suas atividades no Grupo Espírita da Prece em humilde casa, em Uberaba, sempre trabalhando em benefício das pessoas que necessitavam de atenção. Conta-se acerca de seu trabalho junto aos enfermos e presidiários.

No dia seguinte, domingo de manhã, participávamos da caravana que periodicamente Chico organiza para visitas aos enfermos residentes nos bairros mais pobres de Uberaba. Relatar todos os lances ocorridos na visitação, entre 9 e 12 horas, seria alongar demais este texto, cansando o leitor. Selecionamos, então, um único episódio.

Enquanto na rua formava-se fila para a distribuição de víveres, Chico penetra num casebre de chão batido, aproxima-se de uma enferma entrevada, sussurra-lhe algumas palavras alegres e reconfortantes, às quais ela responde com monossílabos que mais se pareciam com uivos. Chico fita-a a seguir em silêncio e a velha senhora persigna-se com os olhos fitos no Alto.

À saída da casa, um senhor de São Paulo diz ao médium: "O gesto mímico daquela doente semimuda foi a mais convincente definição de Deus que já vi". Ao que Chico arremata: "Mesmo impedida de falar, ela, a seu modo, está a nos dizer que, embora presa no cárcere da doença orgânica, suporta a adversidade com ânimo e esperança. porque tem o calor de Deus no coração." (FW, 8/76)

Em relação à visita aos presídios o pensamento de Chico era o seguinte: "Não acha que deveríamos nós – os espíritas em geral –, aumentar a assistência espiritual nos presídios masculino e feminino, diríamos quase que semanalmente, dando assim verdadeiro lastro consolador a esse esforço reeducativo?"

E ainda: "Julgamos que o diálogo em bases de respeito às leis e de conhecimento da solidariedade cristã seria providência das mais louváveis em nossos institutos de reeducação. Semelhantes contatos atingiriam o melhor rendimento de compreensão humana e de consequente renovação para os visitados e visitantes, então marchando juntos para um relacionamento melhor em nossos meios sociais."

O médium justifica-se citando recomendação do seu benfeitor: "Diz-nos Emmanuel que os irmãos considerados caídos são parte de nossa família espiritual que a Divina Providência nos confia, com o objetivo de ensinar-nos a conquistar felicidade, pela prática da lei do amor. E, ao mesmo tempo, afirma o nosso Benfeitor, os nossos companheiros nessa condição representam o resultado de suas próprias ações em existências passadas, provavelmente criaturas prejudicadas, em muitas ocasiões, por nós mesmos, e que as leis da vida nos restituem, para que venhamos a resgatar nossos débitos, auxiliando-as na precisa restauração."

Ainda acerca da mediunidade de Chico vale lembrar o episódio de uma pesquisa feita pelo Dr. Elias Barbosa, médico psiquiatra, professor da Faculdade de Medicina de Uberaba, a quem dedicamos uma profunda admiração, conhecido pesquisador da parte científica do espiritismo, com vários trabalhos já publicados sobre o assunto. Médico e amigo de Chico Xavier, teve sua permissão para submetê-lo a um eletroencefalograma em estado normal e outro durante o transe. Em estado normal, os gráficos feitos não acusaram alterações significativas das ondas cerebrais, mas, em transe, ao receber uma mensagem, o mesmo não ocorreu: passaram a acusar alterações que os psiquiatras, os quais as examinaram, consideraram graves. Afirmaram estes, taxativamente, ser ele um epiléptico, já que havia sido comprovada a disritmia.

A verdade é que as conclusões foram precipitadas, pois, para ser feito um diagnóstico assim taxativo, é necessária a história clínica do paciente; é preciso que se faça um estudo não leviano, mas sim profundo, como o fez o Dr. Elias Barbosa, tendo em mãos um eletro anterior ao transe e outro no decorrer deste. Ele mesmo nos afirma: "Ao invés de acusar um estado patológico, que não se confirma por sintomatologia típica, nem pelo comportamento mental e psicológico do sujeito, nem ainda por suas reações fisiológicas fora do transe, confirma, em termos de pesquisas, a sua paranormalidade espontânea e exaustivamente comprovada."

Ainda não há uma explicação definitiva para a causa das descargas de alta frequência nos focos críticos de um paciente epiléptico típico. Esse parecer foi publicado em uma revista inglesa, em agosto de 1975. Por ocasião desse EEG, no consultório do Dr. Renato Miranda Caetano Borges, em 11 de maio de 1971, Uberaba, o Dr. Elias recebeu mensagem do plano espiritual, sob a responsabilidade do Dr. Bezerra de Menezes, psicografada por Chico:

> Filhos, o Senhor nos abençoe!
>
> Acompanhamos a experiência e felicitamo-nos por vossa atenção voltada para os assuntos do espírito. O Universo é império ilimitado de ondas. A vida é a mente comandando os fenômenos e as ocorrências na ordem material dos planos de ação em que se manifesta.

Tempos virão em que fotografareis os mais íntimos estados da alma e, então, toda a vossa patologia sofrerá profundas renovações. Chegados a isso, considerareis o mal, não por mal e sim por desequilíbrio das forças da vida para o retorno ao bem, surpreendendo as doenças, excetuadas aquelas que se vinculam aos processos infecciosos, como sendo resultados naturais das distonias da consciência.

Prevalecemo-nos de vossa consulta à mediunidade, a fim de enunciar-vos semelhante verdade, porquanto, pesquisais um campo mediúnico já relativamente asserenado pelas experiências da trilha humana e que o tempo ajustou aos princípios de aceitação de seus próprios problemas.

Outras seriam, porém, as vossas observações se esquadrinhásseis o labirinto da mente mediúnica enclausurada em perturbações obsessivas, de vez que o material dessa natureza estaria em vossas mãos, demonstrando oscilações e surpresas que mais profundamente vos faria meditar em torno dos binômios 'espírito e corpo' e 'culpa e enfermidade'. Aguardemos o futuro, estudando, trabalhando, melhorando e progredindo.

Um dia, retratareis na Terra, pelo simples toque dos vossos instrumentos, onde o amor, onde o ódio, onde a luz e onde as trevas nos prodigiosos recursos da vida mental.

Esperemos amando o próximo e pesquisemos construindo a felicidade comum. A evolução da

> Ciência acompanha o Infinito, mas a força do amor é e será constantemente a presença que lhe garantirá rumo certo para a edificação da Terra melhor e do homem mais feliz, sob o patrocínio das leis de Deus.
>
> **Bezerra de Menezes.**

A doutrina espírita, através da mediunidade de Chico Xavier, trouxe importantes contribuições à ciência, principalmente nas obras de Emmanuel e André Luiz. Marlene Nobre nos fala sobre o assunto no livro *Depoimentos de Chico Xavier*, editado pela FEB em 2010.

Capítulo III

PARNASO DE ALÉM-TÚMULO

SUELY CALDAS SCHUBERT EM *Testemunhos de Chico Xavier* traz judiciosas informações acerca do primeiro livro publicado pelo médium:

> Quando inicia a sua tarefa apostolar, os Benfeitores da Espiritualidade Maior preparam uma obra de impacto. Assim, não é um livro de crônicas, de mensagens ou um romance que vem a lume. Nem ao menos é um livro para estudos, como os de André Luiz, por exemplo. Àquela altura era preciso que o primeiro livro psicografado pelo médium mineiro chamasse a atenção de todos. Que sacudisse as arcádias da época, preocupadas em absorver e expandir o movimento iniciado em 1922, dez anos antes, com a Semana de Arte Moderna.

E que plêiade de nomes expressivos compareceu pelo lápis de Chico Xavier! Eram inicialmente 14 poetas. Nomes famosos e conhecidos, como Castro Alves, Augusto dos Anjos, Auta de Souza, Cruz e Sousa, Guerra Junqueira etc., mas que não pertenciam mais aos planos terrestres. Muitos anos depois, Chico, em toda a sua maravilhosa simplicidade, contaria que Augusto dos Anjos lhe surgira pela primeira vez, na cozinha de sua casa. E o poeta lhe disse: "Quando você acabar de almoçar, pegue papel e lápis e venha comigo." E foi num pasto, em direção a Sete Lagoas, onde havia enorme tronco de braúna, que Chico psicografou o primeiro poema, Voz do Infinito, que abre a primeira edição de *Parnaso*. (Dados extraídos do livro *Presença de Chico Xavier*, de Elias Barbosa, 2 ed., IDE).

Chico enviou seus versos para a FEB, escrevendo para Manuel Quintão o seguinte:

> Sabendo-o filólogo e também poeta, venho pedir-lhe valioso testemunho seu em relação à eventual fidelidade dos variados estilos daqueles autores. Isso porque, repito, os versos, em absoluto, não são meus, uma vez que nenhum esforço mental me exigiram, salvo quanto à simples grafia intuitiva e semimecânica.
>
> **Assinado: Francisco Cândido Xavier**

Estudioso de nossa língua, Manuel Quintão[1] analisou rapidamente o conteúdo das poesias e, sem mesmo terminar de ler e estudá-las profundamente, ato contínuo enviou-lhe uma resposta urgente, pedindo-lhe que remetesse tudo que tinha escrito, pois já houvera constatado, em algumas poesias que lera, a "marca registrada" do estilo de um Augusto dos Anjos, Casimiro de Abreu, Guerra Junqueira, Castro Alves e outros.

Recebendo a resposta, que continha o restante das poesias psicografadas, não teve mais dúvidas: imediatamente preparou a primeira edição de uma antologia intitulada *Parnaso de além-túmulo*, com a aprovação da Federação Espírita Brasileira.

Clóvis Tavares em *Trinta anos com Chico Xavier* assim se manifesta:

> A primeira edição de *Parnaso de além-túmulo*, o primeiro livro psicografado por Francisco Cândido Xavier, era um volume de 156 páginas. Prefaciava-o o vice-presidente da Federação Espírita Brasileira, o saudoso amigo Manuel Quintão. Uma carta do médium, melodia de humildade evangélica, explicava ao leitor como foram recebidas as poesias e dava notícias de sua chegada

---

1. Nascido em 28 de maio de 1874 em Valença, Rio de Janeiro, desencarnou em 16 de dezembro de 1954 no Rio de Janeiro. Foi guarda-livros, trabalhou no comércio e conseguiu, como autodidata, grande cultura humanística. Ingressou em 1903 na FEB. Foi médium curador e espírita militante durante mais de meio século e exerceu a Presidência da FEB de 1915 a 1918 e de 1919 a 1929.

ao aprisco do espiritismo. Essa primeira edição, publicada pela FEB em 1932, pequenina em comparação com as últimas, era uma primorosa antologia de sessenta produções. Catorze poetas trouxeram sua palavra espiritual, caracterizando-se por seus estilos, guardando cada um a expressão inconfundível, vigorosa, testemunhal, identificadora de sua personalidade. E que sensibilidade! Que relevo nas imagens, que delicadeza de sentimento, que visão nova da vida!

Continua o autor:

Por aquelas páginas abençoadas, ricas de pensamento superior, se sucediam almas em desfile: Augusto dos Anjos, Auta de Souza, Antero de Quental, Bittencourt Sampaio, Casimiro de Abreu, Castro Alves, Casimiro Cunha, Cruz e Sousa, Guerra Junqueira, Júlio Diniz, João de Deus, Pedro de Alcântara, Souza Caldas e um poeta desconhecido... Eu lia e relia, continuamente, aquelas páginas encantadoras, tesouro de ensinamentos novos. Tudo a confirmar os ensinos, sábios e belos, das obras de Allan Kardec... Comoveu-me profundamente a descrição sucinta da vida de Chico na sua carta que acompanha o prefácio. Senti, tímida, mas vivamente, que elos misteriosos me ligavam àquele moço pobre e humilde...

O nosso amigo e médium Francisco Cândido Xavier foi chamado de pastichador, simplesmente porque a imprensa do Brasil e de Portugal lhe lançara o nome – F. Xavier – ao mundo das letras, em algumas páginas de prosa e poesia, entre 1929 e 1931, quando o médium de Emmanuel mal chegava aos 20 anos de idade. Perguntávamos a nós mesmos a razão de semelhantes acusações quando Chico Xavier, desde a publicação de *Parnaso de além-túmulo*, em 1932, nunca mais compareceu nos jornais e revistas da língua portuguesa, na condição de autor de qualquer trabalho literário.

Entendendo-se que a produção extensa e preciosa que lhe assinala a bagagem mediúnica perdura, ininterrupta, no largo tempo de sete lustros consecutivos, não seria justo considerar as páginas de sua primeira juventude como ensaios dos poetas desencarnados a lhe exercitarem as faculdades, através da inspiração? Por que as diatribes dos inimigos do espiritismo contra o médium, nesse sentido, se 35 anos de ação mediúnica, segura e construtiva, pesam sobre dois de experimentos? Tais perguntas vagavam em nossa mente, quando *Reformador*, de julho de 1967, nos ofereceu o notável artigo do Prof. Ismael Gomes Braga, "Chico Xavier em 40 anos", explicando como se verificou a publicação das páginas primitivas da psicografia de Chico Xavier.

Também R. A. Ranieri opinou, em *Chico Xavier e os grandes gênios*, onde analisa a poesia de Antero de Quental, Antônio Nobre, Cruz e Sousa, Carmen Cinira, Fagundes Varela, Augusto dos Anjos, Cornélio Pires, Guerra

Junqueira, Bocage, Olavo Bilac, Casimiro de Abreu, Hermes Fontes, João de Deus, Emílio de Menezes, Raul de Leoni, Pedro de Alcântara, espíritos que voltaram.

Em *O Santo dos nossos dias,* o mesmo Ranieri se referiu ao *Parnaso,* e fê-lo nestes termos, às páginas 15 e 16:

> Quando Chico Xavier publicou o *Parnaso de além-túmulo,* era uma criança – 22 anos apenas. É natural que o caso produzisse grande sensação nos meios intelectuais de Belo Horizonte, e, em seguida, no Brasil inteiro. Uma criança, semianalfabeta, caixeirinho de venda do interior, havia escrito um livro notável no qual retratava ou ressuscitava, com a mais absoluta perfeição, os versos da maioria dos poetas de nossa língua.

Agripino Grieco, o grande Agripino, haveria de identificar-lhe a fidelidade dos estilos e declararia, por escrito, que Humberto era o mais perfeito Humberto, e que Augusto dos Anjos havia renascido com todas as características do *Eu.* Conta Ranieri: "Houve um rebuliço nos meios intelectuais da capital de Minas. O livro foi citado, criticado, comentado. O caixeirinho de Pedro Leopoldo, de repente, pulou para as manchetes dos jornais, e o espiritismo veio à baila, repetido por todas as bocas."

Para os espíritas, o fato novo trouxe numerosas indagações, inclusive a de que aquilo poderia, ou não, ser espíritos. Para os não-espíritas permaneceu o impacto da *incredulidade expectante.* Não podiam acreditar que almas do outro mundo viessem comunicar-se com os homens. A Igreja Católica lhes ensinara isso. Mas o estilo? O estilo gritante, forte, irrespondível? Como fazer diante daquela cordilheira granítica que se levantava desassombradamente diante de seus olhos? Os versos cadentes de Castro Alves, a poesia romântica e sentimental de Casimiro, a angústia sonora de Antero de Quental, a simplicidade fascinante de Antônio Nobre, a perfeição métrica de Auta de Souza, e toda aquela gama cromática de ritmos, sons e beleza que desfilavam do lápis mágico do moço Chico Xavier?

É ainda Ranieri quem narra:

> Não era fácil recusar e nem era simples aceitar. Aceitá-lo seria aceitar o espiritismo inteiro. Recusá-lo seria recusar toda a literatura luminosa e ressurgida das cinzas de um passado glorioso. O menino ingênuo de Pedro Leopoldo passou a receber visitas de toda parte do Brasil. Caravanas organizavam-se por todo o país, e o seu lápis mágico corria sobre o papel compondo páginas literárias, traçando receitas para os doentes, dando esperanças aos corações desvalidos.

Antes do *Parnaso*, muitas peças ditadas ao Chico foram consideradas pelos amigos, e mesmo por seu irmão José Cândido, como nascidas da própria lavra do médium, embora este afirmasse a impossibilidade de tal fato. À revelia do Chico, enviavam os poemas à imprensa espírita *(Reformador, O Clarim, Aurora) e* à imprensa leiga *(Jornal das Moças, Gazeta de Notícias, Almanaque de*

Lembranças) sob o nome de F. Xavier. Assustado, pois tinha consciência da profunda seriedade do assunto, Chico decide então submeter ao exame da Federação Espírita Brasileira os versos que continuava a receber, mas agora assinados por seus verdadeiros autores, nomes respeitáveis e ilustres da literatura luso-brasileira.

A pergunta que sempre me fiz e faço agora a todos, e posso responder em seguida, após a leitura de um pertinente artigo de Inaldo Lacerda Lima, inserido no *Reformador* do ano 2000 (dezembro), por que razão a espiritualidade ao apresentar a mediunidade do nosso querido Chico o fez através da poesia?

Ele nos explica:

> A poesia não é uma manifestação... É a descrição daquilo que é manifesto em toda a natureza: a beleza. Deus é o Criador da poesia, da música, de todas as artes porque foi Ele que tornou manifesto o Belo, em toda a Sua Criação. E, nisso, o próprio homem é manifestação estética de Deus, porquanto será sempre o ser de Seu Ser. Foi talvez em razão disso que, ao apresentar ao mundo dos homens o médium missionário Francisco Cândido Xavier, o Mundo Espiritual superior o fez através dos poetas *mortos na Terra e vivos na espiritualidade*, com o monumental *Parnaso de além-túmulo*.

EDIÇÕES DE *PARNASO DE ALÉM-TÚMULO*

Contudo, *Parnaso de além-túmulo* não foi, como muitos pensam, o primeiro livro no gênero, nem será o último. Em *Allan Kardec* (Pesquisa Biobibliográfica e Ensaios de Interpretação), vol. III, de Zêus Wantuil e Francisco Thiesen, às páginas 18 e 19, está o registro: "*Estudo acerca da poesia medianímica*, por Allan Kardec. *In Ecos poéticos de além-túmulo* – Poesias medianímicas obtidas por Louis Vavasseur, precedidas de um... Paris, Librairie Centrale, 1867, in-12, de XVI-127 pp. (Veja-se *Revue Spirite*, 1867, pp. 30 e 64.)"

Também em Portugal apareceu, no começo do século, obra semelhante, devida à mediunidade psicográfica de Fernando de Lacerda, em três volumes, contendo mais prosa que poesia. Um livro que também deu muito o que falar, com várias edições no Brasil, pelo Departamento Editorial da Federação Espírita Brasileira: *Do país da luz*.

Mas *Parnaso* é, até hoje, o livro que mais surpreendeu o público, comoveu os leitores, causou impacto e muito contribuiu para a acolhida da doutrina espírita por eminentes homens de letras e cientistas, no Brasil. Considera-se, portanto, *Parnaso de além-túmulo* como a obra-prima da literatura mediúnica mundial.

A 1ª edição continha 14 poetas, 60 produções literárias, 156 páginas (1932). Esclarece-nos Clóvis Ramos em *50 anos de Parnaso*: "Quando surgiu, em 1932, o livro continha relativamente poucas peças poéticas e os seus diversos autores não constituíam tão numeroso elenco, como nas edições posteriores. O *Parnaso* nasceu peque-no, incompleto, condicionado a um desenvolvimento cíclico, segundo uma sábia progressividade. As poesias continuaram sendo transferidas para o "lado de cá" e muitas delas passaram a enriquecer as edições subse-quentes do livro primeiro da mediunidade de Chico Xavier. Ele é fruto da participação de espíritos que se notabilizaram em épocas distintas, no Brasil e em Por-tugal, e também de poetas menos conhecidos e, até, de anônimos. Integram-no, outrossim – é bom lembrar –, escritores, jornalistas e profissionais liberais que em vida conheceram-lhe as páginas, criticaram-nas pela impren-sa e pelo livro. Inclusive um ex-leproso de Pirapitingui, Jésus Gonçalves, desencarnado em 1947.

A 2ª edição foi dada a lume em 354 páginas (1935). A 3ª edição nos fala das críticas que lhe eram feitas:

> A crítica misoneísta e acerba foi-lhe, porém, be-néfica. Os mesmos correligionários que de prin-cípio lhe concederam reticencioso acolhimento, houveram de render-se à evidência, porque a verdade é que, de então para cá, o médium não tem cessado de confirmar os seus dotes extraor-dinários, em trabalhos deste e doutros quilates.
>
> De preâmbulo, nesta 3ª edição, queremos ape-nas assinalar que ela se opulenta com a colabo-ração de seis novas individualidades, que são: Antônio Torres, Augusto de Lima Alphonsus de Guimaraens, Belmiro Braga José Silvério Horta (Monsenhor Horta) e Rodrigues de Abreu.

Quarta e quinta edições:

Emmanuel ia comandando a formação do livro. Até a 5ª edição ele teve aumentado seu número de poesias; inclusive com novas apreciações introdutórias, por Manuel Quintão (quanto a isto, até a 4ª edição), dentro do critério inicial que lhe norteara o crescimento. Porém, num certo momento, e isso lá pela altura de 1954, quando circulava a 5ª edição, *Parnaso* foi considerado adulto e era decidida, num esforço entre os dois planos, a execução de sua textualidade definitiva.

Sexta edição: Em 1955, no mês de setembro, a FEB apresentava novas poesias de Amaral Ornellas, Quental, Augusto dos Anjos, Cármen Cinira, Bilac e poetas que não tinham comparecido nas anteriores edições: Alfredo Nora, Álvaro Teixeira de Macedo, Edmundo Xavier de Barros, Alvarenga Peixoto, Jésus Gonçalves, José do Patrocínio, Leôncio Correia, Luiz Pistarini, Múcio Teixeira.

Na mesma 6ª edição, revista e ampliada pelos Autores Espirituais, circunstância indicada no frontispício (página de rosto) da obra, surgia também a textualidade poética definitiva. Definitiva, porém, não significa cumulativa, como se pode pensar desavisadamente. Houve aumento de páginas, novos colaboradores, mas ocorreram também supressões de algumas unidades (sonetos). É que, com a 6ª edição, a obra passou a obedecer a delineamentos estruturais de globalidade unificada, e isto exigiu modificações de variada gama em centenas de versos, estrofes, sonetos, poemas...

Na oportunidade, a FEB-Editora encaminhou ao médium um exemplar da 5ª edição. Emmanuel, representando os Autores Espirituais, sugeriu emendas, supressões e inclusões de poesias. Chico Xavier tudo anotou, do próprio punho, às margens das páginas revisadas. E antes, ainda, de levada ao prelo a nova edição revista e ampliada, outras emendas iam sendo convencionadas através de troca de correspondência entre a Federação Espírita Brasileira, no Rio, e o médium, em Pedro Leopoldo. Seguiram-se a 7ª e 8ª edições, em que erros tipográficos foram corrigidos, como ocorre nas reedições em geral.

Na 9ª edição, *Parnaso* contava com 56 poetas, 259 produções literárias e 509 páginas. Comemorava o 40º aniversário de lançamento e foi acrescida de notas e estudos feitos pelo Dr. Elias Barbosa[2] e impressa em papel especial com os retratos de todos os poetas. Em 1982, ao completar 50 anos, foi estudada e comentada pelo poeta Clóvis Ramos no livro *50 anos de Parnaso*, pela FEB.

Na sua 18ª edição pela FEB, *Parnaso* contém 464 páginas, 56 poetas e comemorou os 75 anos de atividade

---

2. Professor de Medicina, renomado clínico, que serviu muitos anos nas instituições de assistência social de Uberaba. Foi também conferencista, escritor, poeta. A FEB incumbiu-o de realizar estudos estilísticos no *Parnaso de além-túmulo* a fim de enriquecer a 9ª edição comemorativa do 40º aniversário de seu lançamento. Publicou os livros *No mundo de Chico Xavier* e *Presença de Chico Xavier*. Em *Trovadores do Além* e em *O espírito* Cornélio Pires fez também organização, prefácio e notas.

mediúnica de Chico e 70 anos de sua existência.[3] Agora, surgiu a 19ª edição comemorativa do Centenário de Nascimento do Médium Chico Xavier, sempre enriquecida com os comentários de grande valor do Dr. Elias Barbosa, a quem reverenciamos neste humilde trabalho. Estamos agradecidos à FEB por nos brindar com livro de tão alta magnitude. Aqui deixamos também a nossa reverência ao Dr. Wantuil de Freitas, que muito colaborou para que *Parnaso* e muitas outras obras de Chico Xavier tivessem o êxito esperado.

Depoimentos sobre *Parnaso de além-túmulo*

Os acadêmicos ditos "imortais", pertencentes às Academias de Letras, reagiram negativamente. Considerando-se donos da tradição literária brasileira, perguntavam-se como um interiorano podia receber tais textos! Alguns se manifestavam com espanto; outros achavam que sua obra nada mais era que um pastiche. Entretanto, vários depoimentos de pessoas criteriosas acompanharam o surgimento de *Parnaso*.

O Dr. J. Melo Teixeira, catedrático de psiquiatria de Minas Gerais, em Belo Horizonte, afirmou:

---

3. O livro seria um presente a Chico Xavier naquele ano de 2002, na passagem do dia 8 de julho. Mas não houve tempo: O médium desencarnou em 30 de junho. No dia seguinte, o presidente da FEB, Nestor Masotti, chegava a Uberaba com a edição comemorativa. E foi póstuma a homenagem. Nota do Revisor

Negar, pôr em dúvida, deformar o fato, sorrir superiormente, desdenhar e concluir de oitiva pode ser uma atitude muito cômoda, mas a ninguém convence nem instrui. O homem de pensamento, de ciência, diante de um fenômeno novo ou anormal não pode mais negá-lo, aprioristicamente. Já vai longe o dogmatismo científico. Deve, sim, observá-lo. Só então estará em situação de estudá-lo, entendê-lo e explicá-lo. Não se pode negar: estamos diante de um fenômeno lídimo, visto, presenciado. Haverá, naturalmente, os que acusam esse rapaz de fabricar pastichos. É uma hipótese para observador distante e superficial; nunca, porém, para os que presenciem e se inteirem, como o fizemos hoje, do fenômeno. Assim, sentimo-nos diante de uma força ultranormal. Dadas as variedades de estilos e cultura e as circunstâncias em que vimos o médium grafar os trabalhos, e considerada ainda a sua pouca instrução, sente-se que não há possibilidade de elaboração individual, no caso.

Um famoso escritor da época, Mário Donato, publicou em 12 de agosto de 1944 no jornal *O Estado de S. Paulo* o seu depoimento:

Não posso admitir que um homem, por mais ilustrado que seja, consiga pastichar, tão magnificamente, autores como Humberto de Campos, Antero de Quental, Augusto dos Anjos etc. Opto pela explicação sobrenatural, que não satisfaz a minha consciência, é verdade, mas apazígua a minha humaníssima vaidade de literato. Pode lá um homem avultar tantos palmos, por suas próprias forças, sobre a cabeça dos demais? Pode lá plagiar, velozmente como o faz Chico, Humberto, Antero e outros do mesmo naipe, a quem não se pasticha, senão depois de larga experiência literária e trabalhosa noite de insônia? Não, absolutamente. É milagre. Coisas assim não podem ser senão milagre, puro milagre. Há qualquer intervenção sobre-humana no fato; não porque o diz o Chico Xavier, mas porque assim o exige a nossa arrogância. Pois se não admitirmos que o caso é milagroso, temos que levar o Chico Xavier à Academia Brasileira de Letras e, naturalmente, estamos mais dispostos a reconhecer-lhe amizades no céu que direitos literários ao *Petit Trianon*.

Agripino Grieco era conhecido em todo o Brasil como o mais temido crítico existente. Foi considerado um dos fundadores da nossa crítica literária. Um elogio seu era a realização do escritor; um senão, meio caminho para o ostracismo. Incontestável em suas críticas, provocado a criticar Chico Xavier, assim se manifestou em entrevista concedida ao *Diário da Tarde*, do dia 31 de junho de 1939:

> O médium Francisco Xavier escreveu isto ao meu lado, celeremente, em papel rubricado por

mim. A atenção que lhe dei e a leitura que fiz em voz alta dos trabalhos por ele apresentados com as assinaturas de Augusto dos Anjos e Humberto de Campos não importam em nenhuma espécie de adesão ao credo espírita, como fiz questão de esclarecer naquele momento. Cremos que a veracidade das mensagens psicografadas dificilmente será posta em dúvida futuramente.

Em vida, Humberto de Campos, poeta tão conhecido e querido dos brasileiros, como presidente da Academia Brasileira de Letras, convidado para uma entrevista pelo *Diário Carioca* a respeito do fenômeno Chico Xavier por ocasião do lançamento do livro psicografado *Parnaso de além-túmulo*, assim se manifestou na seção literária daquele jornal, no dia 10 de julho de 1932, em artigo sob o título – Poetas do outro Mundo:

> Eu faltaria, entretanto, ao dever que me é imposto pela consciência se não confessasse que, fazendo versos pela pena do Sr. Francisco Cândido, os poetas de que ele é intérprete apresentam as mesmas características de inspiração e de expressão que os identificam neste planeta. Os temas abordados são os que os preocuparam em vida. O gosto é o mesmo e o verbo obedece, ordinariamente, a mesma pauta musical. Frouxo e ingênuo em Casimiro, largo e sonoro em Castro Alves, sarcástico e variado em Junqueira, fúnebre e grave em Antero, filosófico e profun-

do em Augusto dos Anjos, sente-se, ao ler, cada um dos autores que veio do outro mundo para cantar neste instante a inclinação do Sr. Francisco Cândido Xavier para escrever *a Ia manière de*... ou para traduzir o que aqueles altos espíritos sopraram ao seu ouvido.

Cumpre-se notar duas observações: Humberto de Campos[4] era julgado cético e, anos mais tarde, após sua desencarnação, passou a se comunicar do Além através de Chico Xavier. Humberto de Campos, em sua época o autor mais lido em todo o Brasil, morreu com 48 anos de idade, em 1934, no dia 5 de dezembro, no Rio de Janeiro, ao submeter-se à delicada intervenção cirúrgica. Além dos depoimentos apresentados, muitos foram os críticos, escritores e poetas que deram pareceres sobre

---

4. Por um período, adotou o pseudônimo Irmão X, para evitar novas querelas jurídicas provocadas por sua família, pleiteando junto à FEB o direito sobre as obras psicografadas. Nasceu o grande escritor em Muritiba, Maranhão, em 25 de outubro de 1886. Com 6 anos de idade foi levado para Parnaíba, no Piauí. E aos 13, fez-se aprendiz de tipógrafo em *O Comercial*, depois de haver sido caixeiro em uma loja. Visitou, jovem ainda, vários Estados do Norte e fez uma série de artigos, para a Folha do Norte, de Belém do Pará, sobre a escravidão do homem branco nos seringais. E em 1912 transferiu-se, definitivamente, para o Rio de Janeiro e foi redator do *Imparcial*: Seu forte talento o fez logo admirado e respeitado pelos homens de letras da capital do País. E foi eleito para a Academia Brasileira de Letras, em 1920, em substituição a Emílio de Menezes. Por duas vezes foi deputado federal pelo Maranhão e em 1931 foi nomeado Inspetor Federal do Ensino e Diretor Interino da Casa de Rui Barbosa. Sua obra é ampla, abrangendo todos os gêneros literários. Deixou, inclusive, um livro de poesias, *Poeira*, mais tarde acrescido de outras produções e com o título geral de *Poesias*, volume com mais de 350 páginas.

as obras psicografadas, como Afonso Schmidt, Pedro Block, João Ribeiro e outros.

Os dois próximos depoimentos são de Monteiro Lobato e de Menotti Del Picchia. O primeiro foi simples e objetivo, após ter lido algumas de suas obras: "Se Chico Xavier produziu tudo aquilo por conta própria, então, ele pode ocupar quantas cadeiras quiser na Academia". Menotti Del Picchia, por sua vez, afirmou que Chico Xavier sozinho vale por toda uma literatura, acreditando haver algo de divindade "no fenômeno Chico". E prosseguiu afirmando que:

> (...) o milagre de ressuscitar espiritualmente os mortos pela vivência psicográfica de inéditos poemas é prodígio que somente pode acontecer na faixa do sobre-humano. Um psicofisiologista veria nele um monstruoso computador imantado por múltiplas memórias. Um computador de almas e de estilos. O computador, porém, memoriza apenas o já feito. A fria mecânica não possui o dom criativo. Este emana de Deus. Francisco Cândido Xavier usa a centelha divina imanente em nós. *Dei estis fih excelsus omnes* (David-Salmos).

OPINIÕES DOS POETAS

João de Deus, um dos maiores líricos da Língua Portuguesa, lira suave e ritmada, assim se expressa no *Parnaso de além-túmulo*, onde aparece na página 307 da 18ª edição, publicada pela FEB.

Além do túmulo o espírito inda canta
Seus ideais de paz, de amor e luz,
No ditoso país onde Jesus
Impera com bondade sacrossanta.
Nessas mansões, a lira se levanta
Glorificando o Amor que em Deus transluz,
Para o Bem exalçar, que nos conduz
À divina alegria, pura e santa.
Dessa Castália eterna da Harmonia
Transborda a luz excelsa da Poesia,
Que a Terra toda inunda de esplendor.
Hinos das esperanças espargidos
Sobre os homens, tornando-os mais unidos,
Na ascensão para o Belo e para o Amor.

UM CASO INTERESSANTE

Quando Chico começou a receber as primeiras poesias de *Parnaso*, um senhor muito conhecido na cidade e considerado parte de suas tradições, impressionado com os versos, achou por bem apresentar o médium a um conhecido escritor mineiro que visitava a cidade. Ao ser apresentado, o escritor leu os sonetos de Augusto dos Anjos, Casimiro Cunha e outros, e logo fez sua crítica:

– Tudo é bobagem; esse rapaz é uma besta!

– Mas – respondeu o senhor que o apresentava: – Ele tem convicção e aceitou o espiritismo como doutrina!...

– Pois então é uma besta espírita!

Como sempre fazia, Chico nada respondeu. Despediu-se e, à noite, em sua casa, quando orava, sua mãe apareceu e, ante as palavras do filho, que se julgou insultado, ponderou:

– Não vejo insulto algum! Ao contrário; você é que foi honrado! Uma besta é um animal de trabalho, e uma besta espírita está a serviço do espiritismo. Se não der coices, é um elemento valioso e útil.

Encontramos outro pronunciamento sobre *Parnaso de além-túmulo*, desta vez, do nosso companheiro Clóvis Ramos, também já na Pátria Espiritual, que se encontra no seu livro *50 anos de Parnaso*, publicado pela FEB.

Além, pelos Espaços, canta, ainda,
O espírito sonhando com a Virtude.
Toca, no coração, seu alaúde,
E a melodia sem igual não finda.

É a Poesia do Além, na excelsitude
Do Belo, da Ternura calma e linda!
E a Saudade é também canção bem-vinda
Ao triste, que deixou seu ataúde!

Parnaso de além-túmulo – Poesia
Da Vida que não causa medo e espanto,
E conduz, pura e santa, a Alma à Alegria.

Castália que nos vem de outras esferas,
Inunda a Terra o luminoso pranto,
Num esplendor de eternas primaveras!

CAPÍTULO IV

CHICO E EMMANUEL

RELATA CHICO QUE EMMANUEL, quando da introdução ao livro *Paulo e Estêvão*, apareceu-lhe pela primeira vez, espiritualmente, como um velhinho de barbas brancas, apoiado a um cajado. Chico informa que tudo o que ele "recebia" espiritualmente era fiscalizado por Emmanuel.

Mas quem foi esse devotado amigo espiritual que acompanhava o nosso médium ajudando-o, esclarecendo-o e transmitindo tantas mensagens de beleza, de conhecimento e de amor?

Do livro *Deus conosco*, pela Editora Vinha de Luz, de Belo Horizonte, em 2008, transcrevemos notícias de sua trajetória espiritual: No século IX a.C. foi Simas, o grão-sacerdote do Egito, no templo de Amon-Rá, em Tebas. Foi reitor da escola de Tamis e pai da futura rainha Samura-Mat, ou Semíramis, do Império da Assíria, da Babilônia, do Súmer e do Alcad. Viveu no século IX antes de Cristo e sua história é descrita na obra de Camilo

Rodrigues Chaves, *Semíramis, rainha da Assíria, da Babilônia e do Súmer* (LAKE, 1995). Nos séculos II e I antes de Cristo ressurge como cônsul Públio Cornélius Lêntulus Sura.

PÚBLIO LÊNTULUS

Cônsul à época de Lucius Sergius Catilina, conspirador e inimigo de Sulla e Cícero, condenado à morte no ano 63 a.c. Partidário e amigo particular de Lucius Sergius Catilina, tentou apoiá-lo várias vezes a conquistar o consulato, inclusive cerrando fileiras com a parceria dos líderes democratas César e Crasso. Esperavam aprovar um projeto apresentado pelo tribuno Sérvio Rulo, que afirmava, em escala bem mais ampla, a lei agrária de Caio Graco. Tinham como inimigos a oposição do Senado e a perseverança de Marco Túlio Cícero, que acabou sendo eleito para o consulado, derrotando as pretensões da Lei de Rulo em 63 a.C. Com o inevitável, Catilina perdeu o apoio de César e de Crasso, iniciando, ao lado de Públio Lêntulus Sura, uma anárquica revolta, simultânea em Roma e na Etrúria. Pretendiam o massacre dos magistrados e senadores, ateando fogo à cidade de Roma e assumindo o seu controle, enquanto os veteranos de seu aliado, Sila, marchariam da Etrúria para tomar a cidade e organizar um novo governo.

Descoberta a conspiração, graças à vigorosa ação de Marco Túlio Cícero, Catilina foi expulso de Roma, enquanto os seus partidários mais diretos, dentre os quais Públio Lêntulus Sura, foram presos em Roma e executados sem julgamento por proposta de Catão, o moço, apoiado por Marco Túlio Cícero e com a aprovação do Senado. Finalmente, o exército de Catilina foi derrotado e ele tombou na batalha. Públio Lêntulus Cornélius Sura foi o segundo esposo de Júlia, mãe do conhecido General Marco Antônio, que, anos mais tarde, participaria do segundo triunvirato romano junto com Lépido e Otávio.

Escravo Nestório

De origem judia, apesar de nascido em Éfeso, Grécia. Públio Lêntulus Cornélius Sura retorna agora, no século II, d.C., como Nestório. Criou-se às margens do Mar Egeu, onde constituiu família. Chegou a ouvir, na infância, as pregações de João Evangelista, tendo colaborado com ele na evangelização da Ásia Menor. Foi escravizado por romanos na Judeia. Tinha um filho, de nome Ciro. Ambos foram martirizados no circo romano ao tempo da perseguição aos adeptos do Cristianismo, durante reinado de Élio Adriano. Seu drama está descrito por ele mesmo através da mediunidade de Chico Xavier no magnífico romance *50 anos depois*. Também o espírito de Theophorus, pela psicografia de Geraldo Lemos Neto, relata sua trajetória, ao lado do apóstolo João Evangelista, no romance histórico *Inácio de Antioquia*.

PÚBLIO LÊNTULUS, À ÉPOCA DO CRISTO

Senador romano que exercia funções legislativas e judiciais, de acordo com os direitos de descendência de antiga e tradicional família de senadores e cônsules da república. Unido em matrimônio com Lívia, teve dois filhos: Flávia Lentúlia e Marcus. Desencarnou no ano 79 d.C. em Pompeia, vítima da tragédia do Vesúvio. Fora o legado romano do imperador Tibério César na província da Palestina, à época das pregações de Jesus em Cafarnaum da Galileia, comissionado para investigar as acusações de corrupção que pesavam contra o governador Pôncio Pilatos.

FILÓSOFO BASÍLIO, NO SÉCULO III

Romano, filho de escravos gregos, pelo ano de 233 vivia em Chipre como liberto, dedicando-se a estudos filosóficos. Foi casado com a escrava Júnia Glaura, com quem teve uma filha, ambas mortas precocemente. Em Chipre, a vida lhe deu uma outra filha, Lívia, para a qual viveu até o fim de seus dias. Para criar a filha adotiva, tornou-se afinador de instrumentos musicais, transferindo-se para Marselha, onde a educou. Desencarnou supliciado em Lyon, ao tempo do governo de Treboniano Galo, nas Gálias, após perseguição aos cristãos da igreja local.

Bispo de Reims, São Remígio, nos séculos V e VI

De família nobre e religiosa, nasceu Remígio na cidade de Lyon, em 439. Inteligente, talentoso e disciplinado, foi considerado o maior orador sacro do reino dos francos pela sua especialidade em retórica. Era distinguido por sua pureza de espírito, seu grande amor a Deus e ao próximo, e pela fé ardente. Foi eleito bispo de Reims ainda muito jovem, onde permaneceu por 60 anos, sendo considerado o apóstolo dos pagãos nas Gálias. Foi o grande conselheiro e, ao lado da rainha Clotilde, responsável pela conversão de Clóvis I, o primeiro rei dos francos, depois de suas vitórias sobre os povos da Gália, a quem disse em 496: – *Abaixa a tua cabeça, oh, sicambro altivo! Adora o que queimaste e queima os que adoraste!*

Pelo seu árduo e ininterrupto trabalho de evangelização, fortaleceu os alicerces do cristianismo no território francês. Ensinava não somente aos reis e príncipes, mas também aos camponeses e a todos os súditos do novo reinado.

Desde a sua morte, em janeiro de 535, aos 96 anos de idade, foi aclamado pela população humilde como um santo. Mais tarde, considerado santo pela Igreja Católica Romana com o nome de São Remígio, teve o seu dia consagrado, o dia 3 de outubro, curiosamente o mesmo dia em que, séculos adiante nasceria Allan Kardec, na sua mesma cidade de Lyon, em 1804. Em 1853, quando reconheceram o seu túmulo, seu corpo foi encontrado ainda intacto, onde até hoje é visitado na Abadia Beneditina de Reims. Entre os seus ditos e ensinos, podemos destacar dois de seus lemas: *Sê paciente e perseverante nas provações!* e: *Sê corajoso em empreender o bem!*

PADRE MANUEL DE NÓBREGA, NO SÉCULO XVI

Nasceu em Entre-Douro-e-Minho, Portugal, no ano de 1517. Em 1541, formou-se bacharel em Direito Canônico e Filosofia na Universidade de Coimbra. Três anos depois veio para o Brasil, sob ordens da Companhia de Jesus, com a missão de proteger e converter os indígenas à fé cristã, além de fundar igrejas e seminários. Em 1552, acompanhou o governador Tomé de Sousa à capitania de São Vicente e, dois anos depois, colaborou na fundação de São Paulo. Em 1559, foi demitido do cargo de provincial no Brasil, sendo substituído pelo Padre Luís da Graça. Mesmo assim auxiliou o governador Mem de Sá na expulsão dos franceses do Rio de Janeiro. Escreveu *Terras do Brasil*, *Cartas da Bahia e de Pernambuco*, publicadas em Veneza entre 1559 a 1570. Desencarnou no Rio de Janeiro antes de assumir o antigo posto.

PADRE DAMIANO, SÉCULO XVII

Nascido em 1613, na Espanha. Aos 50 anos, residia em Ávila, Castela-a-Velha, oficiando na Igreja de São Vicente. À época da instauração do Santo Ofício, revelou ideias diferentes, combatendo o fanatismo da Igreja Católica e as injunções políticas da Inquisição. Acreditava na imortalidade da alma e na pluralidade das existências e, embora envergando o labor no ministério católico, abraçava, no íntimo, as premissas da doutrina espírita, antes mesmo de seu aparecimento, no século XIX. Desencarnou no Presbitério de São Jaques do Passo Alto, no burgo de São Marcelo, em Paris, em idade avançada.

Educador Jean Jacques Turville, século XVIII

Educador da nobreza e prelado católico romano no período que antecede a Revolução Francesa. Viveu na região Norte da França até a época do recrudescimento do Terror, quando decidiu fugir da ferocidade revolucionária, encaminhando-se para a Espanha, onde passou a viver até a morte.

Emmanuel, integrante da falange do Espírito da Verdade, século XIX

Como alma liberta integrante da falange do Espírito da Verdade, encarregada pelo Cristo de promover no mundo o advento do consolador, colaborou ativamente no plano espiritual na estrutura da codificação espírita de Allan Kardec, tendo, inclusive, escrito a mensagem intitulada *O egoísmo*, inserida no item 11 do Capítulo XI de *O Evangelho segundo o Espiritismo*, em que menciona a figura de Pôncio Pilatos.

Padre Amaro, sacerdote no Brasil, séculos XIX e XX

Humilde sacerdote católico romano encarnado no último quartel do século XIX, no Estado do Pará, Brasil, com a finalidade de se mergulhar mentalmente na língua portuguesa contemporânea, preparando-se para a missão que lhe seria confiada no vindouro século XX. Reencarnou em abastada família paraense, de origem mulata, e, depois de sagrado sacerdote, dirigiu-se à cidade do Rio de Janeiro, onde passou a dedicar-se à condução da pregação do Evangelho de Jesus, reunindo naquela pequena paróquia milhares de ouvintes de todos os bairros do Rio de Janeiro, que faziam questão de chegar muito cedo para ouvi-lo, assentados. Nessa ocasião, travou particular conhecimento com o insigne médico Dr. Adolfo Bezerra de Menezes, com quem conversou abertamente sobre a codificação espírita.

Segundo informação de Chico Xavier, o ex-padre pediu esta reencarnação por ter necessidade interior de recolhimento, para ficar esquecido das personagens de destaque que, historicamente, vinha vivenciando nas suas diversas etapas reencarnatórias, a fim de ter tempo e silêncio para meditar e estudar convenientemente o Evangelho do Divino Mestre. Seu retrato, ainda há pouco tempo, encontrava-se na sacristia da referida igreja no bairro carioca de Bonsucesso.

Viveu pouco na Terra, retornando à pátria espiritual nas primeiras décadas do século XX, a tempo de assumir a condução espiritual da tarefa que lhe estaria afeita por determinação de Jesus, guiando, em nome do Espírito da Verdade, a missão psicográfica do médium Francisco Cândido Xavier, em Pedro Leopoldo, MG, para quem aparece, inicialmente, em 1931.

No livro *Notáveis reportagens com Chico Xavier*, de Hércio Marcos Cintra Arantes, IDE, capítulo 32, páginas 183-184, há uma interessante mensagem psicografada por Chico, em 15 de maio de 1934, em que o benfeitor Emmanuel relata a sua própria desencarnação nessa época, com sua consequente chegada ao Mundo Maior.

EMMANUEL E A OBRA MEDIÚNICA DE CHICO XAVIER. SÉCULO XX

Quem é Emmanuel? Se alguém ainda, no Brasil, articular esta pergunta, nestas páginas despretensiosas, encontrará singela, embora naturalmente incompleta, resposta. Deixemos a Clóvis Tavares a palavra:

> Emmanuel é o nobre espírito responsável por um grande trabalho missionário na pátria do Evangelho. É o guia espiritual do médium Francisco Cândido Xavier, o mundialmente famoso Chico Xavier, o humilde Chico, que está no cora-

ção agradecido de todos os espiritistas brasileiros e ainda além de nossas fronteiras. Esse trabalho fecundo – todos de relevante e inegável valor doutrinário e literário –, devemos ao dinamismo de Emmanuel.

É a realidade da grande missão do livro mediúnico espírita, sob a esclarecida liderança do nobre benfeitor! Alma profundamente possuída de espírito evangélico, Emmanuel tem prodigalizado, através de inúmeras formas de amparo espiritual, conforto e esclarecimento a legiões de criaturas aflitas e torturadas. Coração generoso, sabe repartir-se continuamente, na ubiquidade do amor e da simpatia, atendendo aos sofredores que o buscam.

Polígrafo admirável, aí estão seus esplêndidos livros, que seu "filho" espiritual psicografou, sobre os mais variados temas, em feliz abordagem dos mais complexos e transcendentes assuntos, num estilo diáfano e comunicativo, entre belezas de simplicidade e sentimento. Sábio condutor de almas, sua palavra de luz se tem dirigido, sem distinções, a todos os que lhe batem à porta do coração, em dádivas de paz, de esclarecimento e bom ânimo, na univocidade do espírito evangélico. Emmanuel é o bondoso e sábio instrutor espiritual que superintende o vasto movimento de espiritualidade iniciado no Brasil com o despontar das faculdades mediúnicas de Chico Xavier.

Talvez nem todos calculem quanto lhe deve o

Brasil espírita, por desconhecerem os ascendentes que estruturam as atividades dos missionários da Luz junto ao médium Xavier. Emmanuel é o responsável, perante a hierarquia espiritual que nos governa, por todo o trabalho mediúnico que se iniciou em Pedro Leopoldo e continua, fecundo como sempre, em Uberaba. É ele o supervisor, o coordenador de toda a obra literário-mediúnica de Chico Xavier. Foi ele quem, no início dos anos 30, reuniu seleta plêiade de nossos bardos, que provocaram o grande impacto no ambiente cultural do Brasil com o inconfundível *Parnaso de além-túmulo*, fenômeno que se repetiu em 1962, com a não menos maravilhosa *Antologia dos imortais*.

Foi Emmanuel quem nos restituiu o admirável cronista Humberto de Campos, redivivo, com suas mensagens, suas reportagens do Além, seu admirável *Boa Nova*, seu *Brasil, coração do mundo, pátria do evangelho* e suas iluminadas páginas sob a chancela de Irmão X. Ao magnânimo benfeitor devemos essa obra portentosa, de indescritível beleza, que é *Falando à Terra*, em que podemos ouvir os apelos e as advertências de grandes espíritos.

Foi ele quem projetou essa fascinante obra de revelação espiritual das esferas invisíveis que nos envolvem o planeta, confiada à inteligência brilhante de André Luiz, que vem trazendo com seus livros, numa inestimável contribuição à obra iniciada por Allan Kardec, obra de iluminação da consciência humana. A ele, alma de escol, ao seu espírito de organizador, de autêntico chefe espiritual, devemos a beleza, a luz, a pureza ortodoxa da prodigiosa produção mediúnica do fidelíssimo Chico Xavier, em que têm cooperado centenas de obreiros espirituais, desde as primeiras revelações do além-túmulo, orvalhadas pelas lágrimas maternais de Maria João de Deus até os poemas cheios de ternura de Auta de Souza, Maria Dolores, Meimei, Francisca Clotilde, Irene Souza Pinto.

A ele ainda, à sua esclarecida visão dos mais conturbadores ou silenciosos problemas humanos, é devido o atendimento a multidões de necessitados e a infindáveis fileiras de sofredores, beneficiados pela aproximação de laços afetuosos do "outro lado da vida", através de mensagens confortadoras e inconfundíveis de corações amigos, ou por socorros espirituais de várias espécies. Foi esse magnânimo e sábio espírito que se apresentando com o nome de Emmanuel apareceu numa tranquila tarde dominical de Pedro Leopoldo, no ano de 1931, a um jovem de 20 anos, tímido, puro, sincero, para dar início a uma grande missão.

NOVA REENCARNAÇÃO, NO ESTADO DE SÃO PAULO

Conforme atestam várias pessoas que conviviam na intimidade com o médium Chico Xavier, e por afirmativas do próprio médium, o espírito do benfeitor Emmanuel já está entre nós, na face da Terra, pela via da reencarnação. Um destes depoimentos é da senhora Suzana Maia Mousinho, presidente e fundadora do Lar Espírita André Luiz (LEAL), de Petrópolis, RJ, amiga do médium desde 8 de novembro de 1957. Segundo Suzana, Francisco Cândido Xavier confidenciou-lhe detalhes sobre a reencarnação de Emmanuel, que voltaria à Terra no interior do Estado de São Paulo no seio da família constituída pelo casal Laura e Ricardo, personagens do livro *Nosso Lar*, de André Luiz.

Tempos depois, novamente o estimado médium Chico Xavier tornou a tocar no assunto em pauta com Suzana, afirmando ter presenciado o retorno à vida física de seu benfeitor no ano 2000, vendo, então, confirmadas as previsões espirituais a respeito. Este fato está em sintonia com depoimentos públicos do médium mineiro em três ocasiões distintas, veiculados em dois de seus livros publicados.

No livro *Entrevistas*, (IDE, 1971), quando, respondendo à questão 61, sobre a futura reencarnação de Emmanuel, Chico Xavier disse: "Ele (Emmanuel) afirma que, indiscutivelmente, voltará à reencarnação, mas não diz exatamente o momento preciso em que isso se verificará. Entretanto, pelas palavras dele, admitimos que ele estará regressando ao nosso meio de espíritos encarnados no fim do presente século (XX), provavelmente na última década".

Também, no livro *A Terra e o Semeador* (IDE, 1975), quando, respondendo à pergunta de número 33, Chico Xavier disse: "Isso tem sido objeto de conversações entre ele (Emmanuel) e nós. Ele costuma dizer que nos espera no Além, para, em seguida, retornar à vida física."

Assim vamos observar outra confirmação de Chico sobre o assunto no livro organizado por Marlene Nobre, editado em 1997 pela *Folha Espírita*, cujo título é *Lições de sabedoria*, que traz à página 171 da segunda edição a pergunta de Gugu Liberato a Chico Xavier:

– É verdade que o espírito Emmanuel, que lhe ditou a base do espiritismo prático no Brasil, se prepara para reencarnar?

Ao que Chico respondeu:

– Ele diz que virá novamente, dentro de pouco tempo, para trabalhar como professor.

Também uma vez, conversando comigo em Uberaba, e falando sobre a volta de Emmanuel, Chico nos confidenciou: "Geraldinho, o nosso compromisso, meu e de Emmanuel, com o espiritismo na face da Terra tem a duração de três séculos. E só terminará no final do século XXI".

Outro depoimento público acerca da reencarnação do seu benfeitor Emmanuel encontra-se no duplo DVD *Chico Xavier Inédito – de Pedro Leopoldo a Uberaba*, organizado por Oceano Vieira de Melo e lançado em 2007 pela Versátil. No segundo DVD estão reunidos vários testemunhos de 2007, entre eles o do confrade Elias Barbosa, de Uberaba, que declara textualmente: "Eu me lembro de Chico ter falado uma vez, e para todo mundo, não foi só para mim não, que, quando ele desencarnasse, o Emmanuel iria reencarnar. Isto é o que ele falou: "O nosso Emmanuel, gente, vai voltar! Está só à espera de eu partir..."

Como sabemos que Chico Xavier, no fim da sua vida física, tinha recebido uma extensão de tempo, concretizada numa nova moratória, permanecendo, por isso, mais tempo entre nós, segue outro depoimento, bastante esclarecedor, e que, por causa disso mesmo, se reveste da maior importância: Suzana Maia Mousinho e sua nora, Maria Idê Cassaño Mousinho, contaram que Chico Xavier lhes revelara, em outubro de 1996, que a filha da Maria Idê estava grávida e que as duas em breve seriam respectivamente bisavó e avó.

Chico acrescentou ainda que o espírito Emmanuel se tinha empenhado pessoalmente, em conjunto com o benfeitor espiritual do LEAL, Wilton Ramos Oliva, na seleção das características genéticas da futura criança (Carlos Augusto), para lhe garantirem sucesso na reencarnação. Este ato do espírito Emmanuel – segundo Chico Xavier lhes explicou – tinha sido o último dele na crosta terrestre, pois a partir daí (fins de 1996), Emmanuel subiria aos planos mais altos da vida espiritual para se preparar para a sua própria reencarnação, a fim de regressar à vida no início do século XXI.

Por último, aqui deixamos o testemunho de Sônia Barsante, residente em Uberaba e frequentadora do Grupo Espírita da Prece, de Chico Xavier, que contou que num determinado dia do ano 2000, estando ela e outros companheiros reunidos com Chico, este se tinha ausentado em transe mediúnico durante alguns instantes. Ao regressar, contou-lhes alegremente que tinha ido em desdobramento espiritual até uma cidade do Estado de São Paulo visitar um bebê, que era o espírito Emmanuel já reencarnado. E rematou dizendo a todos os que estavam presentes: "Vocês ainda vão reconhecê-lo!"

ORIENTAÇÕES DE EMMANUEL AO SEU TUTELADO

Ranieri escreveu em seu livro o seguinte:

> O espírito Humberto de Campos escreveu, certa vez, uma mensagem sobre o problema da alimentação carnívora, assunto até hoje polêmico, e o fez, através do seu estilo, contando uma história. Emmanuel mandou que Chico rasgasse a mensagem, porque, na ocasião, havia muitos espíritas trabalhando com a carne e ganhando seu sustento através desse comércio, o que poderia provocar problemas sociais. Considerou que o homem ainda não tem condições psíquicas para deixar, de uma vez, esse tipo de abstenção. Emmanuel estava sempre vigilante; não era para Chico aquele pai amoroso, mas sim o instrutor vigilante.

CHICO E O CACHORRO ENVENENADO

Há muitos anos Chico possuía um cachorro, que não sei ao certo se nasceu deficiente ou se foi atropelado. Este animal lhe dava um trabalho muito grande. Madrugada, quando regressava do centro espírita, tinha que limpar todo o quarto. Comprava, com seu diminuto ordenado, uma coberta que não chegava a durar um mês. Assim foi durante muito tempo.

Certo dia, quando ele chegou, o cachorro estava morrendo.

– Parecia que ele estava me esperando. Olhou-me demoradamente de uma maneira muito terna, fez um gesto com a cauda e morreu. Enterramo-lo no fundo do quintal, não sem antes derramar muitas lágrimas.

Passaram-se alguns meses e uma de suas irmãs lhe disse:

– Chico, você se lembra daquele cachorro aleijado?

– Sim, como poderia esquecê-lo?

– Olha, vou lhe contar uma coisa. Ele não morreu naturalmente, não. Dona Fulana tinha pena de você chegar de madrugada e ter tanto trabalho e, querendo aliviá-lo, deu a ele um veneno.

– Ah! Meu Deus... Não me diga uma coisa dessas.

– É verdade, Chico.

Ele não sentiu raiva pela pessoa (naquele coração, não há lugar para isso), mas uma tristeza invadiu-lhe a alma e uma sombra começou a envolver-lhe o coração.

Passados alguns dias, o espírito Emmanuel lhe disse:

– Esta mágoa que você asila no coração está atrapalhando o trabalho dos bons espíritos. Você precisa se livrar dela.

– Não consigo esquecer – disse-lhe o Chico.

– Mas é preciso.

– Como fazer?

– Você precisa dar uma grande alegria a ela.

– Eu... Dar uma alegria a ela? O ofendido fui eu!

– A receita não é minha. É de Nosso Senhor Jesus Cristo. "Fazei bem aos que vos aborrecem". Leia o Evangelho.

Obediente e resignado, Chico procurou descobrir o que a pessoa gostaria de ter e ainda não tinha. Era uma máquina de costura. Chico comprou, então, uma máquina de costura para pagar em longas prestações. Quando foi visitá-la, a pessoa estava tão feliz, tão feliz, e quando viu o Chico chegando, correu para ele e lhe deu um abraço com tanto amor que uma luz se desprendeu dela e envolveu Chico da cabeça aos pés. Quando ela o soltou do abraço, a sombra havia desaparecido. Eis aí uma receita para quem comete a imprudência de carregar mágoa no coração. (*Chico de Francisco*, de Adelino Silveira – páginas 67 e 68)

CHICO E O PASSARINHO SOFRÊ

Chico contava-nos que, no início, recebera muitas propostas para renunciar à mediunidade, inclusive para assumir, ele mesmo, a autoria do *Parnaso de além-túmulo*. Certa vez, a mando de uma autoridade religiosa de Belo

Horizonte, um homem procurou-o com uma proposta de arranjar-lhe um ótimo emprego, que lhe daria a possibilidade de auxiliar a família e cursar uma faculdade.

Para tanto, porém, ele deveria renunciar ao espiritismo, assinando uma declaração pública de que o "Parnaso" era obra sua e não dos espíritos. Ao se inteirar da proposta que, pressionado por seu pai, fora obrigado a ouvir, Chico recusou-a com determinação.

O emissário, que representava a autoridade eclesiástica, tentando convencê-lo, perguntou:

– Chico, você conhece um passarinho que, popularmente, se chama "Sofrê"?

– Não – respondeu com certa ingenuidade.

– Pois você, Chico – argumentou o homem –, é como o "sofrê", que tem habilidade para imitar muitos outros pássaros... Tudo que você escreve é da sua cabeça. Não atribua a autoria disto aos espíritos dos *mortos*, porque quem morre não tem mais nada a fazer neste mundo...

Foi justamente nesse instante que Chico escutou a voz inconfundível de Emmanuel, sempre atento:

– Volte imediatamente para Pedro Leopoldo, porque você não é um "sofrê", mas vai precisar sofrer muito para servir a Jesus e aprender a se desligar do que é inútil!

Igualmente lhe escreveu Maria João de Deus, em *Cartas de uma morta*: "Seja a tua mediunidade como harpa melodiosa; porém, no dia em que receberes os favores do mundo como se estivesses vendendo os seus acordes, ela se enferrujará para sempre. O dinheiro e o interesse seriam azinhavres nas suas cordas".

REMÉDIO CONTRA A VAIDADE

Chico encontra-se com um irmão que sofria de insônia, o qual lhe pede conselhos. Lembrando-se de André Luiz, cujos maravilhosos livros, por ele recebidos, registram esclarecimentos inéditos, pediu ao companheiro para DORMIR BEM e VIVER BEM, com Jesus na mente e no coração, e daí, nos atos de todo instante, antes de dormir, que lesse o Evangelho e meditasse sobre seus ensinos, que pedisse ao seu autor possibilidades para ser útil, fazer o bem. De manhã, que também procedesse assim e levantaria melhor, como melhor haveria de dormir.

Dias depois, encontra-se com o insone. Era todo alegria e agradecimento. Trazia no bolso várias mensagens de Emmanuel e de André Luiz e já havia repetido seus conselhos à família, aos companheiros de serviço. Com o Evangelho lido e praticado, havia aprendido a viver bem, a dormir bem, a comer bem.

O médium, satisfeito, despede-se do irmão. No escritório da fazenda os colegas já sabiam da bela ação do Chico. E, enrolado na onda dos elogios, acreditou que de fato fizera um ato de caridade. Emmanuel sentado à mesa aparece sorrindo e lhe diz:

– Fez uma bela ação, Chico!

– Sim, meu pai... E todos se mostraram satisfeitos.

–Também estou. Mas não fique vaidoso com isso, porque, pensando bem, você não fez vantagem nenhuma...

– Por quê?

– Porque deveria ter feito isso... desde há 2 mil anos!...

– Tem razão. Estou agindo bem, mas agindo tarde...

E a lição nos serviu como uma justa carapuça... (*Chico Xavier na intimidade* – Ramiro Gama, páginas 98 e 99).

RAZÃO E NECESSIDADE

Muita gente procurava o Chico em seu emprego, e isto começou a causar-lhe problemas. Certa vez, uma senhora em adiantado estado de perturbação foi procurá-lo. O chefe não queria que ele atendesse ninguém em seu ambiente de trabalho e foi dito à senhora que o Chico estava em casa. Para lá se dirigiu ela, sendo informada de que o Chico estava trabalhando. Voltou novamente ao emprego e disseram que o nosso amigo saíra a serviço. Ela resmungou qualquer palavrão e se foi.

À noite, quando as portas do centro se abriram, ela avançou sobre ele e deu-lhe bofetões no rosto. Quando acabou de desabafar através da agressão, falou com voz nervosa e trêmula.

– Está pensando que tenho tempo para andar atrás de você para cima e para baixo? E, agora, já para aquela sala! Que você vai me dar um passe... Cachorro...

A senhora sentou-se numa cadeira e ficou esperando.

O Chico começou a pensar: "Senhor Jesus, para se transmitir um passe precisamos estar calmos, com o coração voltado para o amor do próximo. O Senhor sabe todas as coisas e sabe que não estou com raiva dela, mas ela me deixou num estado meio diferente. Ajude-me, Senhor!".

Então, o espírito Emmanuel lhe aparece e diz:

– Para ajudá-la é preciso alcançar-lhe o coração. Converse com ela.

E o Chico, para a irmã em sofrimento:

– Minha irmã, a senhora me perdoe ser uma pessoa tão ocupada. Não pude atendê-la em meu emprego porque meu chefe não permite. A senhora compreende... Estou ali para servir à empresa, que me paga. Não posso perder aquele serviço porque tenho muitos irmãos para ajudar.

Foi conversando, conversando... E a mulher se acalmando, para, em seguida, começar a chorar. Chico, então, transmitiu-lhe o passe. E ela foi devolvida à razão.

Depois de sua saída, o médium perguntou ao seu mentor:

– Emmanuel, eu não estou com a razão?

A resposta foi esta joia de caridade cristã:

– Você está com a razão, mas ela está com a necessidade.

No outro dia, quando Chico chegou ao serviço, estava com o rosto todo inchado. Seu chefe indagou o que ocorrera.

Bati na porta.

Ele então olhou-o por sobre os óculos e perguntou novamente:

– Mas... Dos dois lados?

(*Chico de Francisco*, de Adelino Silveira – páginas 52 e 53)

Chico Xavier é preso. Por engano

Poucos confrades sabem desse detalhe da vida de nosso querido médium. Estava ele a serviço da Fazenda Modelo, acompanhado do Dr. Rômulo Joviano, na cidade de Curvelo, Minas, que inaugurava uma grande exposição. Toda Minas Gerais se fizera representar ali, através do que possui de belo e útil nas suas riquezas minerais, vegetais e animais. Pedro Leopoldo enviou uma coleção de gado selecionado e reprodutor.

Numa manhã, após sua chegada à bela cidade, Chico desejou fazer uma prece em plena natureza, num canto solitário, longe do burburinho humano. Viu, ao longe, numa fralda de morro, o Cruzeiro da Igreja de São Geraldo. Achou-o silencioso, ótimo lugar para orar. E para lá se dirigiu. Sentou-se num banco, ao lado do Cruzeiro e olhou a cidade com seu casario multicor, suas ruas sinuosas e estreitas, com seus inúmeros habitantes iniciando, num afã abençoado, as lides cotidianas.

Orou comovidamente. Quando terminou e ia retirar-se, satisfeito, deparou com dois soldados que o observavam curiosos... E um deles, disse:

– É ele! – e lhe deram voz de prisão...

O médium procurou defender-se, humildemente, dizendo-lhes que ali fora apenas para orar, mas nada adiantou...

– Não – revidara-lhe um dos soldados. – Você é o HOMEM que procuramos, que assaltou anteontem a casa comercial do Dr. Ibraim. Olhe para este retrato e verifique se não parece com você... Acompanhe-nos à delegacia para explicar melhor seu delito ao delegado...

O pobre Chico quis objetar, delicadamente, mas Emmanuel lhe apareceu e disse:

– Não resista... Acompanhe-os. Aceite tudo por amor a Jesus. E, enquanto o prendem, receberão auxílio espiritual para apurarem a verdade e evitarem *maior mal...* Testemunhe sua crença.

O médium acompanhou, resignada e confiantemente, os soldados que não o conheciam e estavam apenas cumprindo ordens... E chegando à delegacia, encontrou o Dr. Rômulo, que, aflito, o procurava por toda a cidade, acabando por ir buscar o auxílio das autoridades locais. Desfez o mal-entendido, revelando a identidade de seu leal servidor. O delegado e os soldados surpreenderam-se. Então aquele moço era Chico Xavier, o conhecido e estimado médium! Pediram-lhe desculpas, abraçaram-no juntamente com o Dr. Rômulo e retiraram-se...

As autoridades policiais chegaram em seguida à conclusão de que não houvera nenhum assalto. Outro, que não o Chico, iria pagar inocentemente pelo falso assalto e apanhar para confessar algo que não fizera... O auxílio do Alto, como afirmara Emmanuel, desfez o mal-entendido e evitou, com a prisão do médium que o mal fosse maior... (*Chico Xavier na intimidade* – Ramiro Gama, p. 140 e 141).

Capítulo V

1º CONGRESSO DE MOCIDADES ESPÍRITAS DO BRASIL

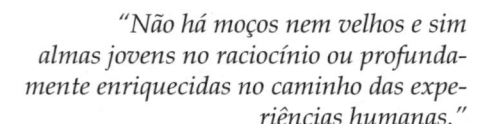

"Não há moços nem velhos e sim almas jovens no raciocínio ou profundamente enriquecidas no caminho das experiências humanas."

Emmanuel

EM 1948, GRAÇAS A Leopoldo Machado e a Arthur Lins de Vasconcelos Lopes, realizou-se no Rio de Janeiro nos dias 17 a 23 de julho o 1º Congresso de Mocidades Espíritas do Brasil, e a abertura deu-se no Teatro João Caetano. Contava, então, 20 anos e estava lá, aplaudindo e fazendo amigos e conhecendo confrades.

Clóvis Ramos, em seu livro *Leopoldo Machado – ideias e ideais*, nos fala: "Começou aí o movimento juvenil de espiritismo? Não! Já existia, sem expressão, sem entrosamento; ensaio apenas, para voos futuros. Leopoldo Machado foi quem primeiro procurou ditar normas para o congraçamento. Justo era aplaudi-lo na sua atividade pioneira, ajudá-lo, isto sim, na tarefa grandiosa a que fora chamado. Infelizmente, ocorreu o contrário."

Em *Primavera que Desponta* – anunciado em 1965 e que só em 70 se imprimiu – foi recordado tudo o que se fez nesse terreno, e não foi pouco. O 1º Congresso de Mocidades Espíritas, que alguns procuraram ignorar, surge novamente, exaltado. À época do certame, vozes discordantes alegaram que não tinha ele autoridade para convocá-lo.

Como bem frisou o Dr. Lauro Sales, numa Carta Aberta aos Diretores da Federação Espírita Brasileira: "Foi ele o arauto da cruzada de espiritismo de Vivos, com imensos reflexos no setor da assistência social; percorreu o Brasil de Norte a Sul, promovendo palestras, conferências; estimulando as Semanas Espíritas; revidou, de peito aberto, através de artigos assinados, de pregação nas tribunas e nos livros, os ataques dos detratores do espiritismo..."

Leopoldo Machado, que acreditou nos moços, e viveu entre moços, apontou à Mocidade Brasileira um caminho. E continua: "Por que ser contrário ao movimento de Mocidades Espíritas? Alegam questões de idade. Esquecem-se de que o espírito não tem idade, e um corpo de jovem, e até mesmo de uma criança, bem pode abrigar um ser velhíssimo, com um acervo intelectual digno de nota, que muita cabeça branca não tem! Não são moços, atualmente, os maiores pregadores do espiritismo no Brasil?

Na organização do 1º Congresso de Mocidades Espíritas do Brasil vimo-lo enfrentar uma caudal de incompreensões, que levara algumas entidades respeitáveis a negar apoio a tão expressivo movimento. Nem mesmo a intervenção do 'anjo da paz', que era Lins de Vasconcelos, amainou a procela. Porém, o Congresso estava vitorioso, e os moços dos diversos pontos do País se confraternizaram, levando de volta ideias e planos que eram, por assim dizer, a consagração da cruzada de espiritismo de vivos, em que Leopoldo, revolucionariamente, advogava novos métodos de ação".

Tanto o Congresso de Mocidades Espíritas, o primeiro no gênero, e que teve à frente pessoas do porte de Leopoldo Machado, Lins de Vasconcelos Lopes, J. C. Moreira Guimarães, Geraldo de Aquino e outros, como o Congresso patrocinado pela USE (União das Sociedades Espíritas do Estado de São Paulo), influíram muitíssimo na mentalidade dos responsáveis pelos negócios espíritas, de modo que foi possível, por ocasião do 2º Congresso Espírita Pan-Americano, no Rio, o Pacto Áureo, ainda hoje vigente, preparação, talvez, para a união mais completa do futuro.

Nesses Congressos, tão ricos de consequências, a figura de Leopoldo Machado se agigantou, com suas contribuições oportunas em favor da Causa do Cristianismo Redivivo! Nessa ocasião, Arthur Lins de Vasconcellos Lopes, então diretor do jornal *Mundo Espírita*, órgão oficial da Federação Espírita do Paraná (FEP), faz aos espíritas do Brasil a seguinte exortação:

> Urge, portanto, que os moços entrelaçados com os mais velhos, pelo amor, no seio dos centros e sociedades espíritas, realizem uma obra perfeita. Que os mais velhos saibam ou busquem compreender, amar e encaminhar os jovens que

os irão substituir no trabalho, e que eles vejam nos mais velhos aqueles a quem devem atenção e estima, cercando-os de carinho e desvelo, para eliminar progressivamente as dores físicas e morais que a todos têm infelicitado na face da Terra. Velhos e moços espíritas, em nome de Jesus, para a salvação da Humanidade, uni-vos!... Rio de Janeiro, 25 de julho de 1948.

O Congresso de Mocidades Espíritas do Brasil foi muito importante para os jovens; claro que para nós também. Em 1948, juntamente com outros espíritas e a presença de Leopoldo Machado, fundou-se a Mocidade Pestalozzi, uma das primeiras no Rio de Janeiro, da qual fui secretária. Em consequência desse evento de jovens surgiram muitas afinidades entre eles, que terminaram em felizes uniões. Houve até alguns que se tornaram trabalhadores da doutrina, fundando escolas, centros espíritas, unidos pelo laço do matrimônio. Foi um pouco diferente o que aconteceu comigo, quando do comparecimento às reuniões do Congresso que se realizaram em locais diferentes. Tive a minha afinidade, mas não logrou êxito.

Bem-aventurado aquele que tem
recordações capazes de fortalecer
seu espírito.
Hans Carossa

Capítulo VI

Eu e Chico

Diz Emmanuel em *O Consolador*: "A vocação é o impulso natural oriundo da repetição de análogas experiências, através de muitas vidas. Suas características, nas disposições infantis, são o testemunho mais eloquente da verdade reencarnacionista".

Não pretendo transformar em autobiografia o livro no qual me proponho a analisar a vida e a obra de Chico. Mas se não relatar alguns fatos e realizações minhas, até mesmo quando ainda jovem, no campo da Arte, como farei entender, a outros, que a mensagem de Emmanuel que me foi enviada, em 1949, não seria uma invenção minha?

Nossa irmãzinha será amparada por devotados amigos espirituais que colaboram, no momento, na fixação de suas possibilidades artísticas para a missão espiritual que lhe assinala o caminho. Jesus a abençoe, fortaleça e inspire sempre.

Emmanuel

Tinha 21 anos quando isso aconteceu. E me admirei. Mas, mesmo assim, guardei-a com carinho. Faço, apenas, uma observação: não me considero missionária e, sim, um espírito faltoso em evolução. Aos 6 anos de idade, meu pai sentiu que despertava para o labor literário, quando o presenteei com a trova abaixo: *Aceita, papai querido,/Esta minha inspiração: Um lindo jardim florido/Nascido em meu coração!*

Sempre me alegrando através de meus pequenos escritos, meu pai me incentivava publicando-os em revistas e jornais. Contudo, aos 7 anos, um fato me deixou marcas profundas. Cursava o 3º ano primário. Minha atual professora tinha enviuvado e andava sempre vestida de preto. Aos meus olhos, assemelhava-se a um urubu. Era bem diferente da minha anterior mestra – Dalila – que era doce e paciente. Ela primava pela rigidez e uma boa dose de mau humor. Certo dia passou-nos um dever: os alunos escreveriam uma redação falando do amor materno. Cheguei em casa, coloquei minhas ideias no caderno e fui brincar. No dia seguinte, ao chegar à escola, deixei o caderno em cima da mesa, como faziam as outras crianças. A professora começou a ler as redações. Na minha vez, deu um murro na mesa e exclamou:

– Já disse que não quero que pai algum escreva no lugar do filho. Isto não foi escrito por você. Uma criança não escreveria isto!

Foi o suficiente para que me pusesse a chorar, mas sempre me defendendo, enquanto ela continuava a me atacar. Agora, meu choro era por me achar injustiçada. Ela só parou de me agredir verbalmente quando dona Dalila, que dava aula na turma ao lado, chegou à sala e segredou-lhe algo que a fez sossegar. Nunca soube o que foi, mas valeu!

Ficara triste, mas não contara em casa o sucedido. Quando meu pai chegou (ele conseguia adivinhar meus pensamentos), perguntou-me o que acontecera. Interpelou-me, após ler a redação, para ver se não houvera copiado de algum lugar e disse-me:

– Acredito em você. Sei que você é capaz. Perdoe sua professora. Ela não lhe conhece.

Até os 14 anos, nada sabia de música, embora cantasse as interpretadas por Bidu Sayão, que ouvia em nosso rádio.

Estando de visita à casa de minha tia, na então chamada Raiz da Serra de Petrópolis, hoje Estrela, fui a uma festa na Rádio local. Ao chegar, vi que todos os jovens participavam. Convidaram-me para fazer o mesmo. O organizador do evento, que era um maestro, me interpelou:

– Você sabe fazer algo?

E eu, muito ciosa de mim, respondi:

– Sim. Sei cantar.

Após alguns acordes tirados pelo pianista e maestro cantei o "Canto da Saudade", de Alberto Costa. Ao terminar, o maestro mostrava-se surpreendido:

– Você não sabe música?

E como eu afirmasse que não, escreveu um bilhete para meus pais, encarecendo a necessidade de estudo, em razão da minha musicalidade.

Não dei muita importância ao fato, mas saí contente, pois no baile (gostava muito de dançar) todos os rapazes queriam dançar comigo. Pelos altos microfones da rádio muitos ouviram o meu canto no vilarejo e, no dia seguinte, ao andar pelos lugares com meus primos, as pessoas queriam me conhecer.

Quando cheguei com o bilhete em casa, foi um rebuliço. E agora? Já tinha vontade de estudar piano e canto. e aquele foi o empurrão inicial. Mas seria necessária a compra de um piano. Onde buscar recursos? Todos os de casa se uniram: meu pai, minha mãe e um tio que me dedicava grande afeição. Contribuíram, cada qual com uma parcela, a fim de comprar um piano Pleyel, de segunda mão, e pagar as despesas com a professora de música.

Comecei, aqui, uma nova fase: estudava piano, canto, teoria musical e os trabalhos do colégio. E a vida transcorria sem dificuldades. Fiz outra surpresa aos meus pais. Em 1943, aos 15 anos de idade, escrevi o primeiro soneto que mereceu críticas elogiosas de Horácio Mendes, eminente professor de Literatura da época.

Ao atingir os 18 anos, tendo já terminado o Curso Clássico no Instituto Rabello, no qual estudava com meia-bolsa, meu pai me chamou e disse:

– Filha, se você quiser estudar mais, não temos como pagar.

Sabia da dificuldade que se instalara, pois meus pais

haviam se comprometido a educar, também, os sobrinhos que ficaram sem pai.

Respondi decidida:

– Se vocês não podem assumir outros estudos, irei trabalhar fora.

Meu pai, homem inteligente e culto, mente "arejada", grande professor e jornalista, respondeu:

– Se é assim, filha, procure o seu emprego e faça a sua independência.

Fiquei alegre e surpresa e, em pouco tempo, já estava trabalhando em uma Companhia Americana (LASA), onde logrei conquistar o segundo lugar em um concurso realizado na própria empresa.

Desde aquela época, os americanos já "estavam de olho" na Amazônia e a fotografavam por completo, certamente com permissão das autoridades. Meu trabalho era fazer os mapas através de visão estereoscópica. Não havia, de minha parte e de muitos outros, a conscientização do porquê de tanto interesse. Precisava ganhar a vida. Mas, se fosse hoje, a minha reação seria diversa...

Em 1948, já havia prestado concurso para a antiga Escola Nacional de Música da Universidade do Brasil para me tornar, além de cantora, professora de música, cargo que só exerceria mais tarde nas escolas públicas do Estado e do Município do Rio de Janeiro.

Leitora ainda muito cedo de livros espíritas, resolvi abraçar a doutrina dos espíritos e passei a frequentar o Centro Espírita Júlio César, no Grajaú, Rio de Janeiro, ao lado de minha residência. Ali conheci pessoas de grande valor na doutrina e mantive os primeiros contatos com o trabalho mediúnico.

Em 1949, visitando a FEB na Avenida Passos, 30, fui convidada a pertencer à Secretaria de Assuntos Lítero--Artísticos do Departamento de Juventude da Casa de Ismael. Junto a esta atribuição, iniciei a colaboração no *Jornal Brasil-Espírita*, com artigos sobre Arte e a feitura da 1ª Coletânea de Músicas Espíritas, que não saiu do papel. Na FEB organizava recitais, eventos, encontros, e era muito querida pelos jovens do movimento espírita da época.

Falei que era muito querida pelos companheiros da FEB. Quando entrava no salão da Secretaria do Departamento de Juventude, era uma alegria só. Isto incomodava muito os senhores da cúpula administrativa, muito sisudos, naquela falsa ideia de que, para ser bom espírita, era preciso ser carrancudo e calado. Quem vinha sempre reclamar da minha chegada era o Dr. Carlos Lomba, senhor, aliás, muito simpático, cabeça branca, de bonita estatura.

– Já sei que a senhora chegou!...

Foi muito difícil ao Movimento Espírita daquele tempo a instalação das Mocidades em geral. Os presidentes de centro achavam que o espiritismo era assunto "para os mais velhos". Leopoldo Machado desfraldou a bandeira a favor dos jovens, mas o entendimento acerca da Juventude era precário por parte dos dirigentes de Centros. Foi uma grande batalha. Acredito que hoje haja uma boa interação entre os dois elementos. "A intolerância jamais compareceu ao lado de Jesus na propagação da Boa-Nova," (Emmanuel, no livro *Roteiro*)

Na "Hora Espiritualista João Pinto de Souza", na Rádio Club do Brasil, participei várias vezes com "Palavras à Moça Espírita". Mais adiante, passei a frequentar o Centro Espírita Ibirajara, no qual, segundo Vianna de Carvalho, através de Divaldo Pereira Franco, "cura pela palestra". Tornei-me expositora, e fui chamada a vários locais, a fim de realizar palestras doutrinárias. Também, em razão de a LASA ser vendida à Cruzeiro do Sul, consegui trabalhar no Centro Nacional de Geografia (1950-1960). Mais tarde, dei a lume a publicação do livro: *Falando de arte à luz do espiritismo*, pela Editora Lorenz. Mais adiante vieram outros livros e outras realizações no campo da Arte.

Minha amizade com Chico foi um banho de espiritualidade. Parecíamos velhos conhecidos, só que em evoluções diferentes. Chico era uma escola de amor! E eu, sua discípula, cursando o 1º ano do Jardim de Infância, mas cheia de desejo de evoluir. Ele me escrevia, sempre, cartas cheias de carinho e bondade. Numa noite, senti-me desprender do corpo no sono físico. Fui voando em espírito para Pedro Leopoldo. Lá sentei-me em uma cadeira e assisti à reunião. Chico, após a sessão, disse-me:

– Agora, você deve voltar.

Ao que retruquei:

– Está tão bom aqui.

–Volte, irmã.

Atendi ao seu pedido e vi-me, outra vez, sobrevoando as cidades até retornar à minha casa. Foi uma aventura espiritual!

Tive sempre, na cabeceira de minha cama uma ferradura, habilmente pintada, que me enviou, desejando-me sorte. Sabia Chico mais do meu passado e o de muitas outras pessoas do que nós mesmos. Revelou-me, certa feita, que eu havia sido um dos personagens do livro *Há 2.000 anos*, mas recomendou-me que esquecesse o fato.

Não foram poucas as vezes em que me sentia participando com Chico de algumas reuniões no Plano Espiritual. Merece ser relatado o seguinte: Numa terça-feira fiz uma palestra no Centro Ibirajara. Fui para casa e me recolhi ao leito. Dormindo, sonhei que Chico conversou comigo e me dizia:

– Você vai passar por momentos difíceis, mas, como já conseguiu realizar algumas boas ações, não sofrerá muito.

E ele as enumerava, enquanto eu dizia:

– Já fizemos isto?

– Sim. E por isto, tudo será amenizado.

No dia seguinte comentei com Neusa Azevedo Peluzzo. Neusa foi vice-presidente da Casa na primeira década de 2000. Naquela época era médium e dirigia a Escola de E. Yacy. Sempre gostou de cantar, tinha uma linda voz e a empregava até mesmo nas sessões de desobsessão. Sabe-se que a música é fator importante para o apaziguamento dos corações. Ela, na conversa, disse-me:

– E... É quando eles começam a avisar...

Pensei que fosse ficar doente, como acontecia vez por outra. Mas sucedeu outro fato: no final de semana, minha filha, que começava a se entrosar com a turma praticante de Yoga, convidou-me para assistir a uma apresentação dessa prática. Saí com ela. A 50 metros de minha casa, fomos atravessar a rua. Olhávamos para a mão correta. Atrás de nós, na esquina da rua, vários veículos estavam estacionados. Não parecia haver ninguém no volante. Mas um rapaz ainda jovem estava deitado no volante do carro atrás de nós. De repente, engatou uma marcha à ré, sem olhar, e me atirou longe, no asfalto. Foi uma correria. Minha filha ficou nervosa.

A misericórdia de Deus nos trouxe os filhos da Neusa, que saíam de casa e vieram nos ajudar. Eu desmaiei. Colocaram-me no carro do rapaz e me levaram para o Hospital do Andaraí, que, nessa época, era um ótimo hospital. Lá chegando, despertei em uma cadeira de rodas junto a muitos atropelados, sem me lembrar do que houvera acontecido. Verificaram que sofrera, apenas, um estiramento na perna esquerda, que me custou três meses de fisioterapia.

Livrei do processo o rapaz que me atropelara. Pensei que, se fosse meu filho, não gostaria de vê-lo processado. Ficou grato e me visitava todos os dias. Aconselhei a ter mais cuidado na direção do carro.

Entendemos que no processo de causa e efeito não existe drasticidade. Trazemos dívidas do passado, mas, se agirmos procurando melhorar nossos atos e pensamentos, as dificuldades do caminho serão amenizadas pela infinita misericórdia do Pai.

Durante dez anos, no Seminário Nacional da Trova, acontecido em diversas cidades do Espírito Santo, proferi a palestra "Trova mediúnica". Em 1990, fundei a Associação Difusora de Arte, auxiliada por três jovens idealistas. Sua finalidade, cumprida durante vinte anos, foi a de organizar recitais artísticos com o objetivo de expansão da arte em nosso país atendendo também às necessidades de entidades carentes.

Com a desencarnação progressiva de seus membros, que detinham a compreensão de sua finalidade e de sua filosofia, fui obrigada a encerrar as atividades.

Na Rádio Rio de Janeiro, durante a gestão do saudoso Gerson Simões Monteiro, levei a arte poética, de caráter espírita, focalizando a grande obra mediúnica poética de Chico, através daquela emissora.

Fui detentora de prêmios, condecorações em vários concursos de poesias, trovas, poemas, sonetos e também em música vocal, além de pertencer a duas Academias de Letras, nas quais sempre proferi palestras de caráter literário e até mesmo de caráter espírita.

Julguei não precisar enumerar outras tantas atividades, pois a finalidade deste capítulo é mostrar que o vaticínio de Emmanuel, como era de se esperar, fora verdadeiro.[5]

---

5. Veja, no Anexo II, alguns dos prêmios conquistados pela autora em concursos, bem como suas participações em festivais de música e peças literárias.

Capítulo VII

REENCARNAÇÃO

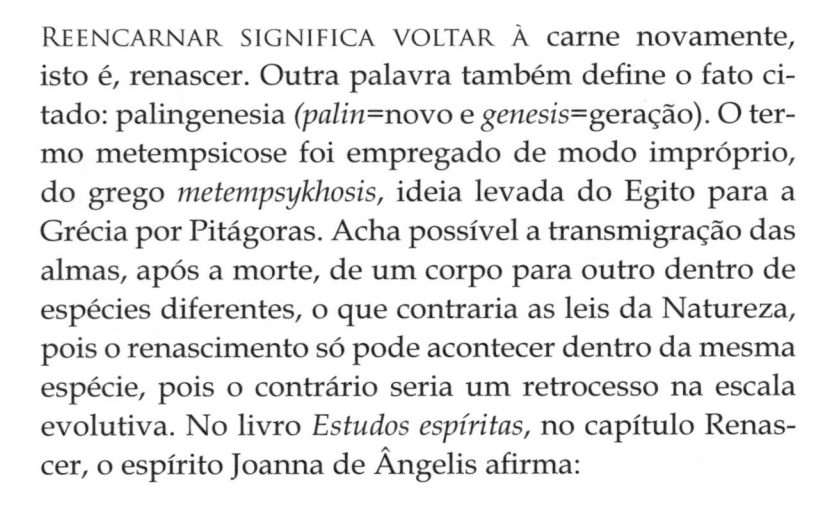

REENCARNAR SIGNIFICA VOLTAR À carne novamente, isto é, renascer. Outra palavra também define o fato citado: palingenesia *(palin*=novo e *genesis*=geração). O termo metempsicose foi empregado de modo impróprio, do grego *metempsykhosis,* ideia levada do Egito para a Grécia por Pitágoras. Acha possível a transmigração das almas, após a morte, de um corpo para outro dentro de espécies diferentes, o que contraria as leis da Natureza, pois o renascimento só pode acontecer dentro da mesma espécie, pois o contrário seria um retrocesso na escala evolutiva. No livro *Estudos espíritas,* no capítulo Renascer, o espírito Joanna de Ângelis afirma:

> Tal concepção era consequência da errônea interpretação dos fenômenos da zoantropia decorrente da perturbação espiritual em que muitas entidades infelizes se apresentavam nos cul-

tos, traduzindo as punições que experimentavam por deformação do uso das funções orgânicas e fisiológicas.

No capítulo XI de *O Livro dos Espíritos*, Allan Kardec inseriu a questão 612: *Poderia encarnar num animal o espírito que animou o corpo de um homem?"* E a resposta veio da seguinte maneira: *Isso seria retrogradar, e o espírito não retrograda. O rio não remonta à sua nascente".* Diz-nos Léon Denis em *Depois da morte*:

> A pluralidade das existências pode sozinha explicar a diversidade dos caracteres, a variedade das atitudes, a desproporção das qualidades morais; em uma palavra, todas as dificuldades que chamam nossa atenção". E mais adiante esclarece: "A influência do meio, a hereditariedade, as diferenças na educação, tudo tendo sua importância, não são mais suficientes para explicar essas anomalias. Vemos os membros de uma mesma família, semelhantes pela carne e pelo sangue, alimentados pelos mesmos ensinos, diferenciar sobre muitos pontos.

Gabriel Delanne, em *O fenômeno espírita*, raciocina também nos mesmos termos:

> Por que motivo a alma apresenta aptidões tão diversas e independentes das ideias adquiridas pela educação? Donde procede a aptidão extra-

normal de certas crianças para tal arte ou tal ciência, ao passo que muitos adultos ficam inferiores ou medíocres durante toda a sua vida? Donde vêm, para uns, as ideias intuitivas ou inatas que não existem em outros? Donde se originam, para certas crianças, esses instintos precoces de vícios ou de virtudes, esses sentimentos inatos de dignidade ou de baixeza que contrastam com o meio em que elas nasceram? Por que certos homens, abstração feita da educação, são mais adiantados que outros? Por que há selvagens e homens civilizados? Se tomardes uma criancinha hotentote e a educardes nos nossos liceus de mais nomeada, conseguireis fazer dela um Laplace ou um Newton?

É ainda Delanne em mais esta indagação:

Qual é a filosofia ou a teosofia que pode resolver esses problemas? As almas ao nascer ou são iguais ou são desiguais: das duas uma. Se são iguais, por que são tão diversas as suas aptidões? Dirão que isso depende do organismo? Então nos encontramos com a doutrina mais monstruosa e mais imoral. O homem fica sendo apenas uma máquina, o joguete da matéria, sem a responsabilidade de seus atos e podendo lançar a culpa de tudo sobre as suas imperfeições físicas. Se são desiguais, é porque Deus as criou assim; mas, então, por quê? Essa parcialidade se conformará com a justiça e com o amor igual que ele dedica a todas as suas criaturas?

Admitamos, ao contrário, uma sucessão de existências anteriores progressivas, e tudo se explica. Os homens trazem, ao nascer, a intuição do que adquiriram; são mais ou menos adiantados, segundo o número de existências que têm percorrido. Deus, em Sua justiça, não podia criar almas mais perfeitas nem menos perfeitas; com a pluralidade das existências, a desigualdade que observamos nada tem de contrária à mais rigorosa equidade; esta parece não existir, porque só vemos o presente e não o passado. Este raciocínio repousará numa hipótese, numa simples suposição? Certamente que não; partimos de um fato patente, incontestável: da desigualdade das aptidões e do desenvolvimento intelectual e moral, que é inexplicável por todas as teorias em voga e que tem na nossa teoria uma explicação simples, natural e lógica. Será racional preferir-se aquelas que nada explicam?

Em *A Gênese*, no capítulo XI, Kardec assevera:

> Pensam alguns que as diferentes existências da alma se efetuam, passando elas de mundo em mundo e não num mesmo orbe, onde cada espírito viria uma única vez. Seria admissível esta doutrina, se todos os habitantes da Terra estivessem no mesmo nível intelectual e moral. Eles então só

poderiam progredir indo de um mundo a outro e nenhuma utilidade lhes adviria da encarnação na Terra. Desde que aí se notam a inteligência e a moralidade em todos os graus, desde a selvajaria que beira o animal até a mais adiantada civilização, é evidente que esse mundo constitui um vasto campo de progresso. Por que haveria o selvagem de ir procurar alhures o grau de progresso logo acima do em que ele está, quando esse grau se lhe acha ao lado e assim sucessivamente?

Por que não teria podido o homem adiantado fazer os seus primeiros estágios senão em mundos inferiores, quando ao seu derredor estão seres análogos aos desses mundos? Quando, não só de povo a povo, mas no seio do mesmo povo e da mesma família, há diferentes graus de adiantamento? Se fosse assim, Deus houvera feito coisa inútil, colocando lado a lado a ignorância e o saber, a barbárie e a civilização, o bem e o mal, quando precisamente esse contato é que faz que os retardatários avancem.

Não há, pois, necessidade de que os homens mudem de mundo a cada etapa de aperfeiçoamento, como não há de que o estudante mude de colégio para passar de uma classe a outra. Longe de ser isso vantagem para o progresso, ser-lhe-ia um entrave, porquanto o espírito ficaria privado do exemplo que lhe oferece a observação do que ocorre nos graus mais elevados e da possibilidade de reparar seus erros no mesmo meio e em presença dos a quem ofendeu, possibilidade que é, para ele, o mais poderoso modo de realizar o seu progresso moral. Após curta coabitação, dispersando-se os espíritos e tornando-se estranhos uns aos outros, romper-se-iam os laços de família, à falta de tempo para se consolidarem.

Ao inconveniente moral se juntaria um inconveniente material. A natureza dos elementos, as leis orgânicas, as condições de existência variam, de acordo com os mundos; sob esse aspecto, não há dois perfeitamente idênticos. Os tratados de física, de química, de anatomia, de medicina, de botânica etc., para nada serviriam nos outros mundos; entretanto, não fica perdido o que neles se aprende; não só isso desenvolve a inteligência, como também as ideias que se colhem de tais obras.

Gabriel Delanne em *Evolução anímica* nos explica ainda acerca dos nascimentos que "a união de alma e corpo começa na concepção, mas só se completa no instante do nascimento. O invólucro fluídico é que liga o espírito ao gérmen, e essa união vai-se adensando, torna-se mais íntima de momento a momento, até que se completa quando a criança vem à luz".

Delanne assinala ainda:

No período intercorrente, da concepção ao nascimento, as faculdades da alma são pouco a pouco assomadas pelo poder sempre crescente da força vital, que diminui o movimento vibratório do perispírito, até o momento em que, não atingido o mínimo perceptível, o espírito fica quase totalmente inconsciente. Dessa diminuição de amplitude do movimento fluídico é que resulta o esquecimento.

E prossegue, mais adiante:

O estado do princípio inteligente, nos primeiros tempos, é comparável ao do espírito encarnado, durante o sono corporal: à medida que se aproxima o nascimento, suas ideias se anuviam, vai-se-lhe a noção do passado, do qual não mais tem consciência, desde que nasce na Terra. Que a operação se verifique em sentido inverso, isto é, voltando o espírito ao espaço e retomando o seu dinamismo vibratório anterior, explícita se nos depara a restauração da sua memória.

As aquisições do passado permanecem latentes, não são destruídas; e como têm o seu fulcro, as suas raízes, no inconsciente, serão tanto mais opulentas e brilhantes, quanto mais longa tenha sido a trajetória da alma. Essas aquisições é que fazem o substrato do espírito, isso que denominamos o caráter, a marca própria de cada qual, assim como os seus pendores cada vez mais amplos para as ciências, artes, letras, indústrias etc. Há fatos irrecusáveis que o atestam, sem sombra de quaisquer dúvidas.

A ideia da reencarnação se encontra na obra de Swendenborg e de outros pensadores, mas ganhou fórum de ciência com Kardec. Após a efervescência das ideias espíritas, muitas das doutrinas espiritualistas respeitaram a ideia reencarnacionista. Em 1875, a Sociedade Teosófica; em 1985, A Sociedade Vedanta; em 1910, o Racionalismo Cristão; em 1913, a Antroposofia; em 1930, o Seicho-no-ie; em 1935, a Igreja Messiânica; em 1950, a Legião da Boa Vontade; em 1955, a Cientologia; em 1958, a Meditação Transcendental; em 1962, a Igreja Internacional da Sabedoria Eterna; em 1965, o Krishina.

O número de reencarnações é variável. Em *O Livro dos Espíritos*, questão 169, Allan Kardec interroga as entidades invisíveis: *É invariável o número de encarnações para todos os espíritos?* E a resposta é: *Não; aquele que caminha depressa, a muitas provas se poupa. Todavia, as encarnações sucessivas são sempre muito numerosas, porquanto o progresso é quase infinito.*

Na questão 168 do capítulo IV da mesma obra que inaugurou o advento do espiritismo na Terra, temos: *É limitado o número das existências corporais, ou o espírito reencarna perpetuamente?* E a resposta: *A cada nova existência, o espírito dá um passo para adiante na senda do progresso. Desde que se ache limpo de todas as impurezas, não tem mais necessidade da vida corporal.*

A ideia das vidas sucessivas é muito antiga e surge no *Velho Testament*o e no *Novo Testamento*, nas seguintes passagens:

Em Job 1:21 – Nu saí do ventre de minha mãe e nu

tornarei para lá. O Senhor o deu, o Senhor o tirou. Quem foi Job?

Em Jeremias 1:5 e 10 – Antes que eu te formasse no ventre de tua mãe, te conheci... Eu já te havia consagrado e te havia designado profeta. Por isso te constituo sobre as nações e sobre os reinos para arrancares e derrubares e também para edificares e para plantares.

Esta referência foi feita por via mediúnica pelo seu mentor espiritual.

Fala-nos João Moutinho, em *Os profetas*, acerca de Jeremias.

No *Novo Testamento* encontramos: Mateus 11, de 11 a 15, e em muitas outras.

11. Na verdade vos digo que entre os nascidos de mulher não se levantou outro maior do que João Batista; mas o que é menor no reino dos céus, é maior do que ele.
12. E desde os dias de João Batista até agora, o reino dos céus padece força, e os que fazem violência são os que o arrebatam.
13. Porque todos os profetas e a lei até João profetizaram.
14. E se vós o quereis bem compreender, ele mesmo é o Elias, que há-de vir.
15. O que tem ouvidos de ouvir, ouça.

Os pensamentos neopitagóricos e neoplatônicos que vicejavam em certos centros culturais em várias cidades, inclusive em Alexandria, nos mostram que na primitiva igreja se acreditava nas vidas sucessivas, ideias que eram defendidas por padres de certa relevância, como

Clemente de Alexandria. Este, em seu livro *Exortação aos gentios*, afirma: "Existimos muito antes da fundação do mundo; existimos aos olhos de Deus, porque é nosso destino nele viver. Somos as criaturas mais dotadas de razão no mundo divino; por conseguinte, existimos desde o início, pois no início havia o verbo... não pela primeira vez, ele demonstrou compaixão por nós em nossas perambulações. Condoeu-se de nós desde o próprio início..." Filolau, o pitagórico, ensinou que a alma era lançada ao corpo como castigo por transgressões que havia cometido; e a sua opinião foi confirmada pelos mais antigos profetas.

Até Santo Agostinho, em suas *Confissões*, sentindo-se angustiado, interroga Deus: (...) "Dizei-me (...) minha infância à outra idade minha, já morta? Será aquela que vivi no ventre de minha mãe? E antes desse tempo (...) que era eu? (...) vida?" Orígenes, professor da Escola de Alexandria, em sua obra *De princípios*, escreve: "Todas as almas chegam a este mundo fortalecidas pelas vitórias ou debilitadas pelas derrotas de sua vida pregressa". Pode-se ver que estas ideias existiam na primitiva Igreja. Entretanto, por ocasião da união entre Estado e Igreja, por razões políticas, estas ideias foram combatidas.

Em 353, reuniu-se o V Conselho Ecumênico de Constantinopla. Presentes 165 bispos, os quais decidiram enviar quinze anátemas contra o origenismo e outras heresias. Um deles: "Todo aquele que defender a preexistência da alma e a ideia absurda de seu regresso a um corpo será anatemizado". Com isto, esmagou-se a ideia reencarnacionista no seio do catolicismo.

Porém, ela surge em diversas culturas. Pode-se afirmar que é universal. O livro *Reencarnação*, de José Carlos Leal, mostra a sua aceitação na Birmânia, na África, nas tribos indígenas do Congo, nas tribos dos Peles-Vermelhas, na Dinamarca e até mesmo na América. Em pesquisa realizada em diversos grupos religiosos, de opinião pública realizada por Gallup em 1990, verificou-se que 21% dos protestantes e 25% dos católicos possuem esta crença. O próprio Clero – diz ele – se deu ao trabalho de usar as suas calculadoras chegando a um resultado assombroso: 28.000.000 de cristãos são reencarnacionistas (extraído da pesquisa de Elizabeth Prophet).

O esquecimento das vidas passadas é bom para nós, embora não seja total. José Carlos Leal nos mostra que para percebermos o nosso passado gozamos de algumas alternativas: pela autoanálise; pelas revelações em sonhos; muitas vezes temos revelações em sonhos; as sensações do *déjà vu*; pela clarividência; pelas recordações espontâneas, ou, ainda através da hipnose.

Muitos afirmam que, com a reencarnação, os laços de família se dissolvem. Entretanto, Joanna de Ângelis, em *Estudos espíritas*, nos assegura:

> Por meio da reencarnação mais se afirmam os laços de família, generalizando-se o amor em caráter universalista, em detrimento do egoísmo decorrente dos laços do sangue e da carne. Os espíritos recomeçam as jornadas interrompidas em que melhor encontram as condições para a melhoria íntima, volvendo aos mesmos sítios da

consanguinidade, quando ali podem usufruir benefícios de reajustamento familiar ou de maior progresso espiritual.

É ainda a veneranda entidade que nos esclarece, através da mediunidade de Divaldo Pereira Franco:

> Esquecendo-se temporariamente das razões matrizes do amor ou do ódio, como do impositivo do resgate nas aflições e dores de vário porte, o espírito frui a bênção de ter diminuídos os móveis por meio dos quais fracassou ou se permitiu fascinar, reencetando as tarefas, por tendências, afinidades ou desagrados que motivaram aproximação ou repulsa das pessoas com as quais é convidado a viver.
>
> Sejam quais forem, porém, os motivos da simpatia ou da antipatia, a cada um cabe superar as dificuldades e vencer as animosidades, a fim de lograr êxito no empreendimento reencarnacionista, sem o que todo tentame redundaria como improfícuo, senão pernicioso.
>
> O transitório esquecimento do passado facilita os recomeços, ensejando mais amplas possibilidades ao entendimento e à cordialidade. Lembrasse o espírito dos motivos da antipatia ou do amor, vincular-se-ia apenas aos seres simpáticos, afastando-se daqueles por quem se sentiu prejudicado, complicando, indefinidamente, a libertação das causas infelizes do fracasso.

E prossegue Joanna de Ângelis:

A passagem entre Jesus e Nicodemos é muito clara quanto à reencarnação. Cheio de prestígio entre os fariseus, Nicodemos não conseguindo se conter em torno de seu ensinamento sobre o assunto resolveu procurar Jesus altas horas da noite: – Rabi, bem sabemos que és mestre, vindo de Deus, porque ninguém pode fazer estes sinais que tu fazes, se Deus não for com ele. E Jesus lhe explicou que quem não renascesse da água (água entre os judeus era sinônimo de matéria, de corpo) e do espírito não poderia entrar no reino dos céus. Nicodemos não entendendo redarguiu: – Como é possível um homem já sendo velho, nascer de novo como criança? E Jesus responde: – O que é nascido da carne é carne; o que é nascido do espírito é espírito. E arremata expressando admiração: – Tu és mestre em Israel e ignoras estas coisas? E termina, com mais este ensinamento: O vento assopra onde quer e ouve a sua voz, mas não sabes de onde vem, nem para onde vai; assim é todo aquele que é nascido do espírito. Aquele que não nascer de novo não pode ver o reino dos céus.

Os modernos conhecimentos científicos atestam que as primeiras formas de vida, desde a concepção, se fazem em ambiente aquoso, seja a própria constituição do gameta feminino como o masculino, de cuja fusão (água) nasce o novo corpo, que, adquirindo personalidade diversa da que possuía antes (espírito), recomeça o cadinho purificador, expungindo males e sublimando experiências para "entrar no reino dos Céus".

A lei da reencarnação pode ser provada por fatos. No final do século XIX foram feitas as primeiras pesquisas de lembranças de vidas passadas por meio do sonambulismo provocado. Na França destacou-se o trabalho do Coronel Albert de Rochas, pesquisa sugerida por Léon Denis. Também as experiências espíritas realizadas pelos pesquisadores espanhóis Fernando Coland e Estevam Marata, divulgadas no Congresso Espírita de 1900, foram muito importantes. Léon Denis assim se manifesta a respeito: "Por estes estudos, as pessoas revelam, pouco a pouco, a realidade da preexistência do ser".

Para que seja possível reencarnar, as entidades espirituais elevadas realizam o planejamento do candidato ao retorno à vida física, mostrando os problemas que irão passar. Muitas vezes, as almas em processo reencarnatório o fazem com o intuito de resolverem situações desagradáveis do pretérito. Geralmente, as dificuldades são aceitas, podendo culminar com o surgimento do verdadeiro amor.

O QUE É REENCARNAR?

No capítulo II da primeira obra do pentateuco kardequiano, o codificador indaga qual o objetivo da encarnação dos espíritos. E as vozes da falange do espírito

Verdade assim respondem: *Deus lhes impõe a encarnação com o fim de fazê-los chegar à perfeição. Para uns é expiação, para outros, missão. Mas para alcançarem essa perfeição têm que sofrer todas as vicissitudes da existência corporal.*

PROVAS DA REENCARNAÇÃO

As provas da reencarnação, além das obtidas em experiências de regressão de memória, encontram-se detalhadas em inúmeras obras a respeito, como: *A verdade sobre a reencarnação,* de Hans Holzer; *A busca da imortalidade,* de Susy Smith; *Tudo sobre a reencarnação,* de Hans Stefan Santesson, e diversas outras. Além do coronel Albert de Rochas, os pesquisadores Ian Stevenson e H. N. Banerjee catalogaram milhares de casos comprovados de reencarnação. No Brasil podem ser citados os casos estudados pelo Dr. Hernâni Guimarães Andrade, de São Paulo, e pelo professor Rainho, do Rio de Janeiro.

Alguns casos de reencarnação são muito conhecidos, impressionantes, como o da menina Shanti e a de Ravi Shankar. A menina, que nasceu em Delhi, em 1926, já aos 4 anos de idade fazia referências a uma vida anterior. Afirmava ter vivido na cidade da Mathura e dizia ter sido casada ali e ter morado em determinada casa, cujo número ainda recordava. Visitando a cidade de Mathura, onde antes nunca havia estado, Shanti descreveu os nomes das ruas e praças, identificou a casa em que morou e falou com seu ex-marido e outros familiares. Tudo o que dizia confirmava que, em alguma época, ali teria vivido, principalmente porque se recordou de que, quando lá morava, tinha escondido em um quarto 150 rupias para doar a um templo, dinheiro que o dono da casa confirmou ter encontrado um dia.

Ravi Shankar, nascido em 1951, afirmava ter sido assassinado, em certo lugar, numa encarnação anterior. Dizia que tinha sido decapitado. Todos os informes e detalhes dos acontecimentos que teria vivido foram, posteriormente, confirmados. O mais interessante é que Ravi possuía uma extensa cicatriz em torno do pescoço, em forma circular. Isso indica que até os caracteres ou estigmas do perispírito podem aparecer no novo corpo físico em uma reencarnação seguinte.

Os reencarnacionistas jamais apresentaram o fenômeno paranormal do *déjà vu* como prova de reencarnação. Há casos em que, efetivamente, se trata de coisa já vista em encarnação pretérita, mas pode ser, também, um simples retardamento, sutil, do processo cerebral, do psiquismo, e até da atividade do sentido da visão. O *déjà vu* pode, também, ser um fenômeno mediúnico, a captação, por um médium, de ondas mentoeletromagnéticas emitidas por uma entidade espiritual.

A genética não explica tudo que se refere a relações biológicas e psíquicas existentes entre as criaturas. As anomalias, as diferenças, principalmente as psíquicas, a genética não pode atender satisfatoriamente, porque desconhece a existência do gene espiritual a que nos referimos no estudo da hereditariedade. Somos herdeiros de nós mesmos, acima de tudo. O gene espiritual, que prepondera na reencarnação, é que justifica o aparecimento de um gênio em uma família de inteligência normal ou medíocre. A verdadeira genética comprova a reencarnação. Paganini, violinista aos 4 anos de idade, era a reencarnação de um músico extraordinário. Beethoven, concertista aos 6 anos, também o era. Edison (registrando inventos aos 10 anos), Einstein (matemático aos 13 anos) e Byron (compondo belíssimos poemas) são exemplos de que traziam consigo um vasto patrimônio construído em existências anteriores.

Nas experiências terrenas, o homem desenvolve o progresso intelectual e moral, dentro de suas provas ou missões, o que não seria possível atingir em uma única existência. Após a desencarnação, o espírito permanece no plano espiritual, seja reeducando-se e preparando-se para uma nova existência, seja no estado de erraticidade. E neste caso, conforme o progresso espiritual alcançado, pode estar entre os encarnados. No mais das vezes, esses espíritos estão desequilibrados.

Somente compreendendo a reencarnação, pode-se entender a dificuldade da existência, as diversidades sociais, as diferentes aptidões intelectuais, as doenças congênitas, as mortes prematuras e outros problemas que surgem no decorrer das nossas vidas.

Reencarnação

Há séculos, num carro de esplendores,
Minha vida era a angústia de outras vidas,
Estraçalhava multidões vencidas,
Coroado de púrpura e de flores.
Depois... a morte, os longos amargores...
Depois ainda... a volta a novas lidas,
O berço pobre, o manto de feridas,
A solidão e os redentores.
Volve do rei antigo um réu que espanta,
E o Senhor concedeu-me a lepra santa
Para cobrir-me em chagas benfazejas!...
Mas, hoje, livre enfim de toda algema,
Posso saudar a dor justa e suprema:
– Emissária da luz, bendita sejas!...

Jésus Gonçalves

Capítulo VIII

TRAJETÓRIA DE CHICO XAVIER

EGITO, DE 1490 A.C A 1450 A.C

FOI HATSHEPSUT. ERA CHAMADA Faroni (feminino de faraó). Herdou o trono egípcio após a morte de seu irmão. Sua importância reside no fato de trazer um novo pensamento religioso para o Egito e suspender os processos bélicos. Sua época foi marcada pela escrita nos papiros. A princípio, deixava claro que era mulher; mais adiante, resolveu aparecer como homem, usando roupas masculinas e uma falsa barba de faraó. Renovou templos e santuários e expandiu fortemente o comércio. Tinha um enteado, filho de Tutmósis II, que era seu meio-irmão, com quem se casara, e, depois de sua morte, ele resolveu eliminar os registros de sua passagem na História. Seu corpo só foi descoberto por causa de um molar (seu dente) que estava dentro da tumba numa caixa de madeira, com seus restos mortais, pois o seu corpo havia sido retirado da tumba. Morreu muito gorda, diabética, aos 40 anos, provavelmente com um câncer nos ossos. Reinou durante 22 anos.

800 A.C – CHAMS

Rainha do Egito durante o Império Babilônico de Semírames. Vários amigos de Chico estavam encarnados na época, inclusive Arnaldo Rocha e Emmanuel, que era sacerdote e professor de Chams.

600 A.C – NA GRÉCIA, EM DELFOS

Foi sacerdotisa. Não se tem registros de seu nome. Seu tio era Emmanuel.

60 A.C – LUCINA, EM ROMA

Era casada com general romano chamado Tito Livonio (Arnaldo Rocha reencarnado), nos tempos da revolução de Catilina. Nessa época, o pai de Lucina era Públius Lêntulus Cornelius Sura, senador romano, avô de Públius Lêntulus Cornelius (Emmanuel).

26 d.C a 79 d. C – Flávia Cornélia

Filha do senador romano Públius Cornélius Lêntulus (Emmanuel). Quando Chico se lembrava da reencarnação de Flávia sentia muitas dores e forte odor, porque ela teve hanseníase e foi curada por Jesus. Contrastando com a época, seu pai lhe ofereceu um esmerado preparo para a vida social, possibilitando melhores aquisições intelectuais e estimulando a facilidade de expressão, especialmente na arte poética, tão cultivada na época. Educada por professores eminentes e sabendo o idioma pátrio, o latim e o grego. Isto, com certeza, veio ajudar o seu trabalho futuro como médium, pois escrevia corretamente, apesar de ter cursado apenas o primário.

233 d.C a 256 d.C – Lívia

Surge no livro *Ave Cristo* com o nome de Lívia e tinha sido abandonada na estrada e achada por um escravo, Basílio (Emmanuel, reencarnado). Arnaldo Rocha era Taciano, um homem casado que tinha uma filha chamada Blandina (Meimei, reencarnada). Lívia era casada com Marcelo Volusian, e Taciano propôs uma relação conjugal com ela, não aceita, em razão do seu compromisso já assumido.

POR VOLTA DE 1150 D.C

Esteve no tempo das Cruzadas e se chamava Clara (França). A lembrança da 1ª Cruzada foi-lhe obscura. No século seguinte houve a 2ª Cruzada, coordenada por Godofredo de Buillon (Rômulo Joviano, reencarnado no Brasil, tendo sido patrão de Chico Xavier na Fazenda Modelo, em Pedro Leopoldo). Seu irmão era Luís de Buillon (Arnaldo Rocha reencarnado), casado com Cecília (Meimei, ou Blandina, reencarnada). Seu irmão, Carlos, casado com Clara (Chico Xavier).

1479–1556 – JOANA (A LOUCA)

Rainha de Castela, de 1504 a 1555, filha dos reis Fernando e Isabel, mulher do Arquiduque da Áustria, Felipe, o Belo, e mãe de Carlos V. Dizem que o casamento foi político, mas apressado pelo grande amor que existia. Via espíritos desde criança e foi considerada louca por viver numa sociedade católica. Desencarnando o pai de Joana, o marido Felipe e o pai dele, Felipe I (Arnaldo Rocha reencarnado), disputavam o trono. Para que Joana não o assumisse, acusaram-na de louca, e enclausuraram-na por 45 anos em Tordesilhas, na Espanha. A dor era grande, mas ela se comunicava com os espíritos, e isto a aliviava. Foi uma preparação para o que viria depois. Justamente, nessa época, estive fazendo parte do Sacro Império Germânico, tendo sido casada com filho de Joana. Esse fato foi-me por Chico revelado.

SÉCULO XIII - LUCREZJIA DI COLONNA (ITÁLIA)

Nascida da família Colonna, assim como Arnaldo Rocha e Clóvis Tavares. Estiveram na época de Francisco de Assis, com a oportunidade de contato com ele.

SÉCULO XVIII, JOANNE (ARRAS, FRANÇA)

Nesse mesmo século esteve na Revolução Francesa e foi Joanne D'Arencourt (Arras, França). Presa, fugiu da perseguição sob a proteção de Camile Desmoulins (Luciano dos Anjos reencarnado). Morreu tuberculosa, em Barcelona, no ano de 1789.

Por fim, vamos apreciar o que escreveu o jornalista Marcelo José no *Correio Espírita*, de junho de 2010, sobre Chico, quando ele foi Ruth Céline Japhet (Paris, França), que se deu de 1837 a 1885, encarnação que antecedeu à sua existência mais recente, reencarnando no Brasil (1910-2002). Escreveu o jornalista: "Sua infância lembra os infortúnios vividos como Chico Xavier, tal a luta que empreendeu pela saúde combalida. Era médium desde pequena, mas só por volta dos 12 anos começou a distinguir a realidade entre este mundo e o espiritual. Na infância, confundia os dois. Acamada por mais de dois anos, foi um magnetizador chamado Ricard quem constatou que ela era médium ("sonâmbula", na designação da época), colocando-a em transe pela primeira vez. Filha de judeu, Ruth Céline Japhet contribuiu com Allan Kardec trabalhando na revisão de *O Livro dos Espíritos* e de *O Evangelho segundo o Espiritismo*, durante as reuniões nas casas do senhor Roustan e da senhora Japhet. Isso pode explicar por que Chico sabia, desde pequeno, todo o Evangelho. Em palestra proferida em Niterói no dia 23 de abril, o médium Geraldo Lemos Neto citou este fato: "Desde quando ele tinha 5 anos de idade, Chico guardava integralmente na memória as páginas de *O Evangelho segundo o Espiritismo*. A história de Chico Xavier todos nós sabemos. Ele somente veio ter contato com a doutrina espírita aos 17 anos de idade".

Capítulo IX

Chico Xavier reencarnou como Allan Kardec?

A todos que lerem este livro, daremos a oportunidade de raciocinar melhor acerca do assunto. Em artigo escrito pelo jornalista Luismar Ornelas de Lima no *Correio Espírita* encontramos a prova esclarecedora e definitiva que transcrevemos a seguir:

> Zilda Gama, médium por muitos citada, todavia pouco lida, nos deixou uma coletânea de romances cuja leitura recomendamos. É autora da obra *Diário dos invisíveis,* publicada em 1929 e cuja mensagem é citada por Chico Xavier a Raul Teixeira. O texto transcrito, na íntegra, é uma prova esclarecedora e definitiva de que Kardec e Chico são dois espíritos distintos, pois à época que foi ditada – 30 de março de 1924 – o codificador encontrava-se no plano espiritual, e Chico Xavier, já encarnado, contava com 14 anos, incompletos.

Comunicação de Allan Kardec em 30 de março de 1924, confiada à *Revue Spirite* pelos anais do espiritismo de Rocheford-Sur-Mer (França), julho de 1924.

Outrora os espíritas podiam ser contados nos dedos. Escarneciam e praguejavam contra aqueles que se interessavam por essa ciência; esses tais eram tidos por malucos e evitados com cautela; mas, hoje, vai-se fazendo luz intensa sobre o espiritismo, porque os sábios o explicam e procuram a realidade dos fatos. Eu não disse, na minha vida terrestre, que o espiritismo havia de ser científico ou morreria?

E a ciência vai pouco a pouco homologando os fenômenos espíritas. Para muita gente, nós o sabemos, esses fenômenos continuam ainda incompreensíveis, porque não se pode explicar e analisar a força que os produz, mas dia virá em que os sábios a descobrirão e provarão que, se a matéria compõe nosso corpo, existe também no ser humano uma coisa mais sutil que anima esse corpo: a alma imortal!

Com grande alegria vejo um raio luminoso aclarando alguns sábios que, tendo a princípio repelido os fatos com desdém, observando-os depois com atenção, vão reconhecendo a sua realidade.

Direi, portanto, aos que ainda não compreendem o espiritismo: estudai, observai, mas não o aceiteis senão com a vossa razão e com a ciência;

é por atenção acurada na observação dos fenômenos que chega a concluir: *Cela est*!

Aqueles que nos fatos espíritas só veem ilusão e crendices da parte dos médiuns, que nós animamos, estão em erro; podem também estar de má-fé.

Se há médiuns mais preocupados de seus interesses que da verdade, também os há, e em maior número, que são sinceros e desinteressados e são na realidade uma força psíquica poderosa, capaz de ajudar os espíritos a produzir fenômenos; esses são para nós preciosos auxiliares que nos permitirão atingir o triunfo de nossa obra de luz.

Que Deus abençoe esse trabalho dos espíritos, que vai crescendo de dia para dia neste planeta, para maior bem da humanidade. Quanto a mim, a minha missão espiritual está cumprida em parte, e dentro de alguns anos tornarei a reencarnar-me entre vós, amigos; e muitas pessoas jovens, que aqui se acham presentes, poderão reconhecer-me então pela minha obra de espiritismo.

Essa missão terrestre eu a aceitarei com júbilo por amor de meus irmãos da Terra; e para bem a desempenhar meu espírito está se instruindo, está se iluminando nestas maravilhas estupendas e sem limites, onde há tanto que observar.

Eu estou aí haurindo poderosas forças espirituais para voltar ao serviço do progresso da humanidade terrestre, para afirmar a meus irmãos a realidade e a beleza desta vida do espírito no Espaço. Sim, eu voltarei para trabalhar neste planeta onde lutei e sofri, mas estarei com o espírito mais forte, mais generoso, mais elevado, para aí fazer reinar mais fraternidade, mais justiça, mais paz.

Mensagem publicada no Prelúdio XIII do livro *Diário dos invisíveis,* editado pela Empresa Typographica Editora "O Pensamento", em 1929, cujo texto tem a tradução de Porphyrio Ramos, de Rio Novo, a 27-9-1924 (Minas Gerais). É importante deixar claro que esta mensagem foi ditada por Allan Kardec três dias antes de Chico Xavier completar 14 anos. Léon Denis, na introdução da obra *No invisível,* escreveu: "O espiritismo será o que dele fizerem os homens". E eu, encerrando este artigo, afirmo que não vim botar lenha na fogueira, até porque, no final, ela, também, vai acabar virando cinzas!

Vamos em seguida abordar um polêmico fato retirado do *Correio Espírita* (junho de 2010). O Dr. Américo Domingos Nunes Filho, da Associação Médico-Espírita do Rio de Janeiro, escreve: "Será Chico a reencarnação de Allan Kardec?" Após várias divagações e discussões, opiniões de vários estudiosos do assunto, o autor nos mostra o seguinte:

> O confrade Arnaldo Rocha (ex-marido de Meimei e amigo íntimo de Chico Xavier desde 1946), falando sobre o saudoso médium, em palestra proferida na União Espírita Mineira, diz que é uma estultice essa ideia de que Chico e Kardec sejam o mesmo espírito, e faz conhecer um diálo-

go que tiveram, no qual o médium lhe informou de que ele fora, em verdade, a Srta. Japhet, a médium que teve papel considerável na revisão dos textos da primeira edição de *O Livro dos Espíritos* e que o próprio Kardec veio, em espírito, orientá-lo nos primeiros meses de sua preparação como espírita iniciante, na cidade de Pedro Leopoldo.

A hipótese de Chico ser Kardec também foi repelida por Herculano Pires ("O metro que melhor mediu Kardec", segundo Emmanuel), na obra *Curso dinâmico de espiritismo*, volume XVII. O fato de o espírito do médium não ter vivenciado a personalidade ímpar e majestosa do codificador não o deprecia de forma alguma, desde que, com muitas limitações, foi vitorioso no que se propôs a executar. Inclusive, indicado ao Prêmio Nobel da Paz, em 1981, e agraciado pelo povo do Estado de Minas Gerais, no ano 2000, como O Mineiro do Século. (Veja Anexo I)

Que o nosso querido mestre Jesus abençoe sempre e cada vez mais o estimado Chico, iluminando o caminho que trilha, diante do Infinito. Que as mesmas bênçãos sejam derramadas sobre o excelso Emmanuel, agora engolfado nas romagens terrenas, já reencarnado entre nós, desde o ano 2000, segundo informação anterior do próprio médium.

A título de curiosidade podemos citar a opinião de Divaldo Franco e Raul Teixeira. Ainda Luismar Ornelas de Lima que esclarece em *Cor-*

reio Espírita de setembro de 2017. Divaldo Franco em entrevista ao repórter José Raimundo, da Rede Globo de Televisão, há pouco mais de três anos, perguntado se procedia o comentário existente de que Chico seria uma reencarnação de Allan Kardec, respondeu: "Há essa teoria, que ele desmentiu várias vezes. A mim próprio, em intimidade, ele me narrou algumas experiências anteriores, algumas reencarnações que nada têm a ver com Allan Kardec."

Para contrariar a tese de que Chico Xavier foi Allan Kardec, o próprio médium mineiro relatou sua admiração pelo codificador em carta publicada no livro *Para sempre Chico Xavier*, de Nena Galves:

Allan Kardec vive. Esta é uma afirmativa que eu quisera pronunciar com uma voz que no momento não tenho, mas com todo o meu coração repito: Deus engrandeça o nosso codificador, o codificador da nossa doutrina. Que ele se sinta cada vez mais feliz em observar que as suas ideias e as suas lições permanecem acima do tempo, auxiliando-nos a viver. É o que eu pobremente posso dizer na saudação que Allan Kardec merece de todos nós. Sei que cada um de nós, na intimidade doméstica, torná-lo-á lembrado e cada vez mais honrado não só pelos espíritas do Brasil, mas de todo o mundo. Kardec vive. (Marcelo José – *Correio Espírita*, de junho de 2010)

Raul Teixeira disse em entrevista ao *Jornal de Espiritismo*, da Associação de Divulgação Espírita de Portugal (Adep), quando do 6º Congresso Espírita Mundial, em Valência, Espanha, em outubro de 2010, respondendo à pergunta:

Por que é que há tanto mistério em torno de Allan Kardec? Em *Obras Póstumas*, que não fazem parte da codificação, diz-se que ele voltaria para completar a sua obra. Uns dizem que Allan Kardec poderia ter sido Chico; outros dizem que podia ser Divaldo Franco, porque tem todo o perfil de educador; outros dizem que podia ser Raul, outros dizem que ele está no mundo espiritual. Se está, por que é que ele não se comunica? Se ele se comunica, se usa pseudônimos ou não usa, por que tanto mistério quando as coisas são tão simples?

– Existem nessas suas abordagens, algumas questões equivocadas. Há muitos anos, Chico Xavier disse-me, pessoalmente, numa conversa que tivemos em Uberaba, que a mensagem mais autêntica de Allan Kardec que ele tinha lido, tinha sido recebida (nós dizemos divulgada) pela médium brasileira Zilda Gama, professora, que se achava num livro chamado *Diário dos invisíveis*. Eu procurei esse livro, que está esgotado, encontrei-o e estava lá a mensagem de Allan Kardec. Depois disso, nós tivemos mensagens de Allan Kardec recebidas por vários médiuns, na França e no Brasil. Como é que nós podemos dizer que Chico Xavier é Allan Kardec se ele dizia que Zilda Gama recebera a mais autêntica mensagem? Se enquanto Chico estava encarnado outros médiuns receberam mensagens de Allan Kardec?

Uma observação também pode e deve ser feita: a diferença de personalidade entre Kardec e Chico, que vieram com tarefas diferentes: Kardec, trazendo-nos a doutrina e Chico, exercendo-a num mandato de amor!

Capítulo X

A POPULARIDADE DE CHICO XAVIER

◀────⟨♥⟩────▶

UMA PESQUISA REALIZADA PELO jornal *Gazeta Mercantil* dá a dimensão da popularidade de Chico Xavier. O jornal quis saber quais eram os religiosos mais influentes do País. O resultado final o coloca em quarto lugar, em uma lista em que os primeiros colocados eram todos religiosos. Os cinco religiosos mais influentes: Dom Paulo Evaristo Arns (13,06%), Dom Helder Câmara (11,49%), Dom Aloísio Lorscheider (11,39%), Francisco Cândido Xavier (9,52%) e Dom Eugênio Sales (9,17%).

Lendo o *Reformador*, de abril de 2001, encontramos uma assertiva de José Carlos Monteiro de Moura, no artigo Chico Xavier, o mineiro do século:

> Chico é a própria personificação do acendedor de lampiões, do soneto de Jorge de Lima. Em cada livro que escreve, em cada conselho que dá,

em cada exemplo de que se constituem os pequenos atos de sua vida, está sempre acendendo mais um foco de luz, parodiando o sol e associando-se à lua."

O acendedor de lampiões

Lá vem o acendedor de lampiões da rua!
Este mesmo que vem, infatigavelmente,
Parodiar o sol e associar-se à lua
Quando a sombra da noite enegrece o poente!

Um, dois, três lampiões, acende e continua
Outros mais a acender imperturbavelmente,
À medida que a noite aos poucos se acentua
E a palidez da lua apenas se pressente.

Triste ironia atroz que o senso humano irrita:
– Ele que doira a noite e ilumina a cidade,
Talvez não tenha luz na choupana em que habita.

Tanta gente também nos outros insinua
Crenças, religiões, amor, felicidade,
Como este acendedor de lampiões da rua!

Outro momento de destaque foi quando Chico Xavier foi eleito o "Mineiro do Século" no concurso realizado pela Rede Globo, ficando à frente de personalidades como Santos Dumont, Pelé, Betinho, Carlos Drummond de Andrade, Ary Barroso e Juscelino Kubitschek. (Veja Anexo I)

Em 2009 Daniel Filho dirige um longa-metragem contando a vida de Chico Xavier, cujo roteiro baseou-

-se em livro do jornalista Marcel Souto Maior, *As vidas de Chico Xavier*. Interessante lembrar uma passagem importante: no filme foram utilizadas imagens do programa Pinga Fogo, da *TV Tupi*, de 1971, que bateu recordes de audiência em todo o País.

Homenagens prestadas a Chico Xavier na atualidade

Atendendo à execução do projeto Centenário de Chico Xavier, realizou-se de 16 a 18 de abril de 2010, no Centro de Convenções Ulysses Guimarães, em Brasília, Distrito Federal, o 3º Congresso Espírita Brasileiro, tendo como tema central "Chico Xavier: Mediunidade e Caridade com Jesus e Kardec". Os objetivos foram: dar foco às obras mediúnicas de Chico Xavier; destacar a influência da obra psicografada por Chico Xavier no Movimento Espírita Brasileiro e Mundial; destacar as obras dos espíritos Emmanuel e André Luiz; destacar o exemplo de vida de Chico Xavier: respeitar o direito à privacidade pessoal e espiritual de Chico Xavier. Tudo isto em função do centenário de nascimento de Chico Xavier.

Organizado criteriosamente, pela FEB, as artes musical e literária, ambas de primeira grandeza, estiveram presentes. As palestras de alto nível enalteceram a figura do nosso médium, contando cada qual sua experiência junto à figura do nosso querido Chico. Aliás, não somente a arte requintada acontecida durante o Congresso, mas a Arte Popular – a dos Cordelistas – soube fazer tão merecida homenagem, lembrando a sua desencarnação. Apreciemos o que Gonçalo Ferreira da Silva escreveu no seu Cordel, por ocasião do falecimento do médium:

O MAIOR MÉDIUM DO MUNDO MORRE NOS BRAÇOS DO POVO

No dia em que o País transbordava de alegria
com a conquista do penta Chico Xavier morria
exatamente da forma que o grande médium queria.
Declarou diversas vezes para jornais e revistas,
no convívio com amigos, ao longo de entrevistas,
e morreu no dia de uma das mais notáveis conquistas.
Foram tantos os momentos que dirigiu o pedido,
e Deus tendo o Chico em conta de filho muito querido
o doce pedido foi paternalmente atendido.

Se o grande médium mineiro não morreu no dia exato
do grande acontecimento os brasileiros, de fato
comemoravam o pentacampeonato.
Foi quando o Brasil ganhou em dois distantes países
o pentacampeonato em que olvidando crises
os brasileiros cantavam extremamente felizes.

Foi às dezenove e vinte de junho do ano corrente
que Chico foi dormir como fazia habitualmente
e dez minutos depois morria serenamente.
A notícia se espalhou no mundo em poucos instantes,
os hotéis de Uberaba foram insignificantes
para atender a metade das multidões visitantes.
Tanto dentro como fora da grande Minas Gerais
as empresas colocaram expressos especiais,
porém a demanda era exagerada demais.

Uma média de quarenta visitantes por minuto
disputavam privilégio de prestar último tributo
enquanto o Brasil chorava contritamente de luto.
O governo decretou feriado estadual
e o luto por três dias devia ser nacional
porque Chico era em verdade patrimônio mundial.
Chico preparou ao longo do tempo sua despedida
iluminando a estrada com honradez percorrida.
Chico Xavier saiu suavemente da vida.

Um coral muito afinado em torno do seu caixão
entoava a quem ouvia doce sonorização
com os ouvidos da alma as vozes do coração.
Seus livros são encontrados em quase todos os lares,
nos mais diversos países, nos mais distantes lugares
alcançando o número de trinta milhões de exemplares.
Mais de quatrocentos títulos representam produção
que nós só acreditamos com o catálogo na mão
inacreditável para uma só encarnação.

"Sou um discípulo do Cristo e vivo muito feliz
tentando fazer o bem ao meu irmão infeliz".
E nós recebemos bem as lições do aprendiz.
Fundou, ao longo da vida várias instituições
com a venda de seus livros para diversas nações
chegando a movimentar mais de trezentos milhões.
Com o reconhecimento do trabalho grandioso
Chico mostrava-se amável; puro, simples, generoso
"Eu nada faço que possa justificar ser famoso".

Admirado por todas as camadas sociais,
dava com grande presteza entrevistas em jornais
tratando educadamente os seus profissionais.
Visitado por famosos do mundo inteiro. Estadistas,
líderes religiosos, iniciados, artistas
mostrando sempre humildade na hora
das entrevistas.
Sentia em todo momento regozijo interior,
vencendo dificuldades, superando a própria dor,
doce canalizadora que nos conduz ao amor.

Mil novecentos e dez no dia dois de abril,
em Minas, Pedro Leopoldo, num clima primaveril
nascia Chico, o futuro maior médium do Brasil.
Os pais João Xavier e Maria João de Deus,
ele vendia bilhetes, ela cuidava dos seus
nove filhos, as famílias oriundas de plebeus.
Teve Chico Xavier infância muito sofrida,
sua mãe, ainda jovem, foi arrancada da vida.
Morar com Rita de Cássia foi racional medida.

Curiosamente foi a partir desse momento
que Chico experimentou longo e cruel sofrimento,
pois Rita de Cássia impôs a ele grande tormento.
As surras eram diárias, os gritos eram constantes,
as ameaças severas feitas todos os instantes
deu-lhe um sentimento nunca experimentado antes.
Quando disse que havia conversado longamente
com sua mãe falecida, Rita, imediatamente,
impôs a Chico um castigo ainda mais contundente.

Conduziu Chico à igreja do sacerdote local
Que, ouvindo a narrativa, desde o início ao final
ministrou grande castigo pertencente ao ritual.
O castigo para Chico foi rezar mil orações
um ritual conhecido pelas nossas tradições
e carregar uma pedra ao longo das procissões.
Quinze quilos tinha a pedra que conduzia o menino,
com andar tergiversante cumprindo o cruel destino.
Muitos pediam a Deus, força para o garoto franzino.

Provações que provocaram tanto sofrimento agudo,
num gesto resignado, pacientemente e mudo,
Chico Xavier com força vinda do céu venceu tudo.

Capítulo XI

CHICO E A IGREJA CATÓLICA

VAMOS ANALISAR A DIFICULDADE de Chico com o clero da época através desses artigos retirados de livros constantes na bibliografia.

Em novembro de 1957, Frei Boaventura, que vive catando motivos para desprestigiar o espiritismo, visitou o Chico. Tentou magnetizá-lo e nada conseguiu. Procurou mistificações nas sessões do Luiz Gonzaga e não as viu... Visitou o escritório da Fazenda Modelo, onde o Chico trabalhava. Viu prateleiras cheias de boletins de serviço e pensou que eram livros...

À saída, fez esta pergunta ao médium, na certeza de deixá-lo vencido:

– Chico, desejo que me responda: que é A VERDADE?

E o Chico, sorrindo, com aquele ar de alguém que não possui maldade dentro de si, respondeu de pronto:

– Ora, meu caro irmão... Esta pergunta Pilatos fez, há dois mil anos, a Jesus. E ele silenciou... Como deseja que lhe responda?

Frei Boaventura silenciou e partiu, com algo no pensamento e no coração... (*Chico Xavier na intimidade* – Ramiro Gama)

Em 1931, Chico acompanhava o enterro de um amigo, que desencarnara em Pedro Leopoldo, quando um padre lhe disse:

– Chico... Dizem que você anda recebendo mensagens do outro mundo!...

– É verdade, reverendo. Sinto que alguém me ocupa o braço e se serve de mim para escrever!...

– Tome cuidado! Lembre-se de que o espírito das trevas tem grande poder para o mal!...

– Mas o espírito que se comunica somente nos ensina o bem.

O sacerdote retirou de um livro um papel em branco e desafiou:

– Bem, Chico... Estamos no Cemitério. Vejamos se há aqui algum espírito desejando escrever!...

O médium recebe o papel, concentra-se, sente o braço tomado por uma entidade, e psicografa o poema Adeus, ditado por Auta de Souza. (*Chico Xavier na intimidade* – Ramiro Gama, p. 100-101)

Adeus

O sino plange em terna suavidade
No ambiente balsâmico da igreja;
Entre as naves, no altar, em tudo adeja
O perfume dos goivos da saudade.

Geme a viuvez, lamenta-se a orfandade;
E a alma que regressou do exílio beija
A luz que resplandece, que viceja,
Na catedral azul da imensidade...

"Adeus, terra das minhas desventuras...
Adeus, amados meus"... – diz nas alturas...
A alma liberta, o azul do céu singrando...

Adeus... choram as rosas desfolhadas,
Adeus... clamam as vozes desoladas
De quem ficou no exílio, soluçando...

Auta de Souza

Contudo, muitas vezes, a situação era amenizada. Vejamos: Um irmão nosso, residente numa cidade do Estado do Rio, portador de grande mágoa, vivendo uma prova rude de resgate de uma falta que cometera em momento de descuido, visitava o Chico amiudadamente. E sempre, por misericórdia e acréscimo, recebia esclarecimento e consolação.

Não era um crente convicto. Tanto entrava numa igreja católica como num centro espírita ou num templo protestante... Recebendo dádivas em quantidade, além do que esperava e merecia, nem sempre traduzia e punha em prática os conselhos recebidos.

Se desse passos à frente, se subisse e descesse morros, se visitasse as avenidas dos necessitados e lhe levasse, com a palavra já esclarecida, algo de si mesmo, e um pouco de alimentação e medicação para os enfermos do corpo e da alma, modificaria seu clima tristonho, ensombrado, doentio. Mas...

De repente, como era de esperar, deixou de visitar Pedro Leopoldo. E procurou novas verdades nos templos católicos. Confessava e comungava quase que semanalmente junto aos sacerdotes amigos. Ambientou-se com o clima dos padres. Fizera amizade com um deles e confessara-lhe, de uma feita, suas amarguras e o que recebera nas sessões espíritas, e esse padre lhe determinara:

– Se deseja receber nossas graças, não deve mais frequentar as sessões espíritas...

– Mas, padre, às vezes eu visito o Chico Xavier em Pedro Leopoldo, e apenas frequento as sessões dele.

– Bem – reconsiderou o padre –, no centro espírita do Chico Xavier pode ir... (*Chico Xavier na intimidade* – Ramiro Gama, p. 77-78)

A REVISTA *ÉPOCA*, DE junho de 1999, Editora Globo, traz uma belíssima afirmativa partida de Frei Betto, frade dominicano brasileiro, nascido em Belo Horizonte, em 1944, vinculado à Associação Internacional Ecumênica dos Teólogos do Terceiro Mundo, que tem cerca de quinze livros publicados. Assim ele se refere a Chico:

> Conheci-o nos anos 50, em Minas. Nos meios católicos contavam-se horrores a seu respeito. Espíritas e protestantes eram 'queimados' na fogueira de nossos preconceitos, até que o papa João XXIII, nos anos 60, abriu as portas da Igreja Católica ao ecumenismo. Chico Xavier é cristão na fé e na prática. Famoso, fugiu da ribalta. Poderoso, nunca enriqueceu. Objeto de peregrinações a Uberaba, jamais posou de guru. Quem dera que nós, católicos, em vez de nos inquietarmos com os mortos que escrevem pela mão de Chico, seguíssemos, com os vivos, seu exemplo de bondade e amor."

Contou-nos o prof. Lauro Vitta, residente em Campinas, amigo de Chico Xavier desde Pedro Leopoldo, que, certa vez, ao visitá-lo, caminhando em sua companhia pelas ruas da cidade, depararam com uma procissão... A igreja-matriz de Pedro Leopoldo ficava, como fica, na mesma rua onde se ergueu o Centro Espírita Luiz Gonzaga; à época, os católicos organizavam algumas procissões ditas de desagravo contra os espíritas...

Observando que a procissão, com diversos acompanhantes e andores, se aproximava, o professor Lauro sugeriu a Chico que apressassem o passo, pois, caso contrário, não poderiam depois atravessar a rua – a menos que cortassem a procissão pelo meio, o que seria uma afronta.

Pedindo ao amigo que não se preocupasse, Chico parou na esquina e, enquanto a procissão seguia o seu roteiro, manteve-se o tempo todo em atitude de respeito e de oração, ainda convidando o amigo para que ambos se descobrissem, ou seja, tirassem o chapéu. Sim, porquanto, naqueles idos de 1950, Chico também usava generoso chapéu.

O professor Lauro, que mantém, ao lado da esposa, dona Teresa, um belíssimo trabalho de formação profissional[6] para crianças carentes – uma escola para torneiros mecânicos –, disse-nos que nunca mais pôde esquecer aquela lição de tolerância religiosa que lhe foi dada por Chico, enfatizando ainda que foi dessa maneira que, aos poucos, o médium venceu a resistência de seus opositores e, consequentemente, dos opositores da doutrina.

A narrativa daquele senhor me fez recordar um outro episódio digno de nota, do livro *Lindos casos de Chico Xavier*, de Ramiro Gama:

Minha avó materna, dona Rola, como era carinhosamente conhecida por todos, havia desen-

---

6. A escola do professor Lauro Vitta funciona junto ao Centro Espírita Evangelho-Esperança, em Hortolândia, Região Metropolitana de Campinas. Nota do Revisor

carnado. Comparecendo ao enterro, conduzido por um táxi, quando o féretro parou na Igreja de São Benedito, para que, segundo a tradição católica, o vigário lhe encomendasse a alma, Chico apeou e entrou na igreja. Eu, neto, espírita convicto, que estava lá fora, sem querer entrar, até um tanto constrangido com aquela situação, não tive outra alternativa. Afinal, como *ser mais realista do que o próprio rei*, não é?...

Exemplos de Chico Xavier que, nem sempre, em nossa atual condição evolutiva, temos procurado assimilar; fazemos da religião uma paixão clubística, sem atinarmos que Jesus não hesitava, inclusive, em comparecer às sinagogas dos judeus, sem significar, todavia, que lhes endossasse a ritualística em que, "a pretexto de longas orações, devoravam as casas das viúvas"...

BENFEITOR JÚLIO MARIA

O padre Júlio Maria, quando em vida, não deixava o Chico e seu guia em paz. Criticava-os tenaz e injustamente. Os trabalhos do autor de *Ave, Cristo!* eram esmerilhados, obscurecidos, adulterados. Em 1945, inopinadamente, desencarna o padre Júlio Maria. E Emmanuel aparece ao Chico e lhe diz:

– Hoje, vamos fazer uma prece em conjunto e toda particular pelo nosso grande benfeitor Júlio Maria, que acaba de desencarnar em Manhumirim.

– Não sabia! Mas... Benfeitor? Por quê? – indaga-lhe o médium.

– Sim... Benfeitor! Durante treze anos seguidos ajudou-nos a compreender o valor do trabalho a bem de nossa melhoria espiritual, obrigando-nos a viver em permanente oração e vigilância, por meio do exercício sublimativo de ouvir, sentir e não revidar, lecionando, em silêncio, o adversário. Quem virá, agora, substituí-lo? Substituir quem nos adversou, limou e nos possibilitou determinada melhoria espiritual e diálogo efetivo com o Grande Incompreendido, que é Jesus?

Chico Xavier calou-se e, com seu silêncio, sem nada revidar, orou ao espírito de seu crítico e adversário. (*Chico Xavier na intimidade* – Ramiro Gama – p. 13-14)

Não obstante o bom relacionamento que Chico mantinha com o padre que conhecia desde criança, não foi de se estranhar que o mesmo não acontecesse com os demais membros da igreja da época. No livro *Chico Xavier, 70 anos de mediunidade*, Baccelli nos relata o seguinte:

Conheci o padre Sebastião Carmelita. Era o que se poderia chamar um homem bom. Em Uberaba, foi um apóstolo do Evangelho. Viveu vida extremamente simples, consagrada aos mais pobres. Visitava os doentes nos hospitais, confortando-os em suas provações. Sua paróquia, onde rezava suas missas, era num asilo de velhos.

Excepcionalmente, padre Sebastião Carmelita era espírita, amigo de Chico Xavier, por quem nutria grande admiração e respeito. Diversas vezes visitara o médium em sua casa, mantendo com ele interessantes diálogos. Era, entretanto, constantemente vigiado pelos seus superiores hierárquicos, que não lhe viam com bons olhos a simpatia pelo espiritismo.

Médium de cura, padre Sebastião aplicava passes e atendia, diariamente, dezenas de pessoas para as quais sempre tinha uma palavra de conforto. Não há, em Uberaba, quem não se lembre dele, cruzando a cidade a pé, de um bairro a outro, a qualquer hora do dia ou da noite, levando conforto espiritual aos corações. Correspondia-se regularmente com a médium Yvonne do Amaral Pereira e tinha o maior carinho pela Federação Espírita Brasileira, que considerava, digamos, ainda em sua condição de sacerdote, o seu 'vaticano' espiritual...

Certa vez, encontrando-o na rua, para minha surpresa, indagou-me se eu não desejava representar o *Reformador* em Uberaba, pois se aborrecia toda vez que recebia com atraso a referida revista. Chico, em diversas ocasiões, impedira que ele deixasse a batina. Há, no meio espírita de nossa cidade, a crença de que teria sido ele a reencarnação do bispo responsável pelo célebre Auto-de-fé de Barcelona, Espanha, no qual, em 9 de outubro de 1861, na colina onde eram executados os condenados à pena máxima, foram queimados 300 volumes de obras espíritas de Allan Kardec, destinadas à venda naquela cidade.

Pois bem, quando o padre Sebastião Carmelita desencarnou, Chico lhe prestou homenagem na capela onde o corpo estava exposto em velório. À época, havia em Uberaba um bispo que era ferrenho adversário do espiritismo, sequer poupando o próprio Chico de suas críticas. A cidade estava comovida com o desenlace do padre Sebastião, e a igreja estava repleta de católicos.

Quando correu a notícia de que Chico estava adentrando o templo, levando ao amigo a derradeira homenagem, foi um alvoroço!... As pessoas não acreditavam no que estavam vendo. Muitas choravam com a humildade de Chico, indiferente à presença do prelado, que não perdia oportunidade de atacá-lo, inclusive pela imprensa.

Agitado, incapaz de compreender aquele gesto de grandeza d'alma de Chico Xavier, o bispo subiu ao altar e, abrindo os braços, disse em voz alta que a Igreja Católica era a única representante na Terra da Verdade que o Cristo viera trazer ao mundo!

"Fique com Deus, irmão bispo!"

Há tempos, realizou-se em Belo Horizonte uma grande festividade católica, a que compareceu o bispo da Diocese local. O ato se revestiu de muita solenidade, num amplo terreno, previamente preparado, nas imediações da Pampulha. Convites foram enviados às autoridades, ao povo, de modo que se previa um acontecimento sem igual no campo das festividades religiosas. O Chico foi insistentemente convidado e acabou comparecendo. Desejavam, com isso, verificar qual seria sua atitude no meio de milhares de crentes na fila do beija-mão do bispo...

Chico entrou na fila e ficou sendo, particularmente, olhado e analisado. Chegando sua vez, sentiu que se achava sob muitos olhares curiosos. E, naturalmente, sob surpresa de quantos o viam, chegou perto do bispo e, pegando-lhe a mão direita, apertou-a.

Depois, envolvendo-o num abraço, beijou-lhe o rosto, dizendo-lhe com toda a candura: – Fique com Deus, irmão bispo! O bispo sorriu, sentiu sobremodo a sinceridade daquela saudação fraterna e cristã, e respondeu-lhe: Vá também com Deus, meu irmão Chico! Os presentes se entreolharam e cada qual sentiu, no gesto do Chico, a mais linda das lições, espiritualizando uma saudação e realçando, não a autoridade do homem falível e pecador, mas a de Jesus, em busca de Deus! (*Chico Xavier na intimidade* – Ramiro Gama – p. 70-71)

Capítulo XII

CHICO, VÁRIAS LIÇÕES DE HUMILDADE

Era muito comum, antes do início das sessões no Centro Espírita Luiz Gonzaga, em Pedro Leopoldo, que algumas pessoas não esclarecidas provocassem discussões sobre mediunidade. Chico se irritava e, por mais que tentasse explicar, não era compreendido.

Numa das vezes, sua mãe compareceu e lhe ensinou: "Para terminar suas inquietações use a água da paz."

E lá foi ele agradecido procurar o medicamento em todas as farmácias da cidade, recorrendo até em Belo Horizonte. Após duas semanas, não a encontrando, comunicou à sua mãe o fracasso da procura.

Sorrindo, ela respondeu:

– Não precisa viajar! O remédio está em sua casa...

E esclareceu:

– Quando alguém lhe provocar irritações, pegue um copo d'água do pote, beba-a um pouco e conserve o resto na boca, não a ponha fora, nem a engula. Enquanto durar a tentação de responder, deixe-a banhando a língua. Esta é a água da paz...

Esta foi mais uma lição de humildade e silêncio que ele recebeu. Tão logo ouviu o conselho, tomou de um papel e psicografou, do poeta Casimiro Cunha, o seguinte verso: *Meu amigo, se desejas/Paz crescente e guerra pouca/Ajuda sem reclamar/E aprenda a calar a boca!*

Essa água será muito positiva para nós todos... Continuemos nossa viagem sobre a humildade. *(Chico Xavier – Mandato de amor -* União Espírita Mineira – p. 33 e 34)

OS ESPÍRITAS SÃO UNS EXPLORADORES

Chico viajava de Belo Horizonte para Pedro Leopoldo num ônibus lotadíssimo. Deram-lhe um lugar na parte de trás, sobre as rodas. Viajou com dificuldade, sentindo pesados solavancos, visto que o veículo trafegava pela estrada velha, que passa defronte à Fazenda Modelo, onde trabalhava. Próximo à Fazenda, tocou a campainha e foi, devagar, esforçando-se para sair sem maiores atropelos. Quando saiu, ouviu de dois viajantes que não o conheciam este comentário:

– Que fazenda é esta?

– É uma fazenda adquirida por um médium chamado Chico Xavier, o qual tem ganho uma fortuna com sua mediunidade, explorando uma infinidade de criaturas bobas...

– Como são exploradores os espíritas! – concluíram os dois.

E o caro médium desceu às pressas, e foi para seu serviço orando pelos seus gratuitos caluniadores... (*Chico Xavier na intimidade* – Ramiro Gama, p. 84).

A COISA MAIS DIFÍCIL

Ter dentro de si a Senhora Humildade. Aí está a prenda maior e mais difícil de se obter. Calar-se quando alguém nos ofende. Silenciar quando, no meio dos que maldizem, vence a maledicência. Tudo isso é revelador de luz na alma. E seu autor já tem Jesus no coração.

O Chico foi ofendido e nada respondeu. Bateram-lhe na face e ele ofereceu a outra, não revidando. E o ofensor, surpreso e até arrependido, exclamou-lhe:

– Você será mesmo Chico, de carne e osso? Por que não revida a ofensa?

– Porque – respondeu-lhe o Chico – depois o sofrimento virá em dobro para mim...

A Senhora Humildade, vestindo-lhe o espírito,

deu-lhe força para resistir e inspiração para traduzir a vitória, que nos advém quando temos a felicidade de testemunhá-la.

O ofensor desabafa seu ódio e pensa-se vitorioso...

O ofendido, calando-se, sofre no momento para depois sentir-se, sim, com força moral para aconselhar e saber que foi o vitorioso com Jesus.

E, aos nossos ouvidos, ecoam as palavras santas do Divino Mestre, quando, ofendido e incompreendido, sofreu o maior dos martírios: "Eu venci o mundo, porque fui e sou o amor!" (*Chico Xavier na intimidade* – Ramiro Gama, p. 122-123)

Posando para fotografias

Como sempre, a reunião avançara madrugada adentro. Todos estavam exaustos, com exceção de Chico, a quem uma força soberana parecia sustentar de forma invariável. Lentamente, as pessoas iam-se retirando, mas sempre ficava alguém na expectativa de uma palavra a mais... Gente tímida, com problemas difíceis, deixava o centro ficar quase vazio para, então, confidenciar com o médium, que nunca revelava pressa de ir embora para casa.

Os cooperadores que haviam resistido ao sono estavam no limite da paciência. Chico às vezes era abordado por pessoas que lhe dirigiam questionamentos absurdos, gente que dormia no hotel a tarde inteira e, depois, enfrentava a reunião sem sequer um bocejo...

Nessa noite de sábado, madrugada de domingo, Chico caminhava em direção à porta, com um dos amigos a segurar-lhe o braço, quase que a arrastá-lo para o carro que o esperava lá fora. Ele, carinhosamente, deixava-se conduzir, compreendendo a fragilidade dos sonolentos companheiros. Certa vez, uma senhora dissera:

– Chico, a gente, para ser espírita, precisa ter muita saúde...

De fato, para acompanhar o Chico, era preciso muita disposição e... Paciência!

Uma senhora, puxando uma criança de uns 3 ou 4 anos pela mão, aproxima-se do médium e lhe diz:

– Chico, o sonho do meu filho é tirar uma foto com você...

O pai, máquina aprumada, permanecia a alguns metros, pronto para o retrato que passaria aos anais da família.

Os amigos remanescentes da reunião, muito embora em silêncio, quase que tiveram uma síncope! Não era possível. Mais de 4 da manhã, todos cansados de uma exigência daquelas! Como é que o Chico iria sustentar aquele garoto meio obeso no colo e fazer pose para fotografia?! Santa paciência!... Era demais. Aquilo já não era mais espiritismo. Nada tinha a ver com espiritismo... Tantos assuntos transcendentais para serem tratados!

O amigo que amparava o Chico pelo braço, de maneira imperceptível para os circunstantes, forçou a passagem. Na opinião dele, o pedido daquela senhora não passava de um capricho de mãe. Levando a mão à mão do zeloso, mas impaciente cooperador, Chico falou com voz mansa, como se o tempo todo estivesse a auscultar-lhe os pensamentos:

– Não, meu filho... Quando um amigo não pode subir até nós, é nossa obrigação descer até ele...

E, ajoelhando-se no piso do Grupo Espírita da Prece, abraçou o sorridente garoto, encostando a sua à face dele, e pediu ao retratista que, ao invés de uma, batesse duas, para se certificar de que seriam fotografados... (*70 anos de mediunidade* – Carlos Baccelli – p. 184 e 185. Dezembro de 1996).

O Homem do sedã

Achava-se o Chico nos jardins da Fazenda Modelo, logo à entrada do escritório, quando à sua frente para um automóvel sedã e dele salta um cavalheiro bem-vestido, que lhe ordena arrogantemente:

– Chame o senhor Francisco Cândido Xavier e diga-lhe que preciso falar-lhe, urgentemente.

O Chico sentiu que o homem do sedã o tomara por um serviçal qualquer, um joão-ninguém, e que tinha o Francisco Cândido Xavier na conta de um grande na História. Ficou, pois, algum tempo indeciso. Não sabia como proceder: se dissesse que era ele, assim vestido, humildemente, como sempre andava, não seria acreditado pelo arrogante visitante. Se mentisse, talvez ficasse pior... Foi quando o homem do sedã insistiu:

– Não ouviu, não? Ande daí, seu moleza! Que mau empregado deve ser você...

– É que – respondeu o médium, hesitante – Francisco, isto é, Chico Xavier, como sou conhecido, sou eu mesmo!...

O homem do automóvel sedã arregalou os olhos. Fitou o interlocutor de cima para baixo. Soltou um "oh!" e, desejando consertar a situação, exclamou:

– Então é você? Que desilusão! Mas, enfim, já que é você, ouça: estou atravessando uma quadra difícil e preciso de sua proteção...

– Mas, meu irmão... – interrompeu-lhe Chico. – Eu nada valho; depois, não trato de coisas materiais. Os espíritos, por mim, às vezes, solucionam questões, mas de fundo espiritual. Se o irmão desejar colocar seu nome em nosso livro de preces, pediremos aos nossos amigos para o ajudarem a vencer seus problemas morais, a encontrar um caminho de consolação, a salvação pelo Cristo de Deus!

– Não quero isto! – retrucou o homem depois de refletir um pouco. – Estou mesmo desiludido com você. Vejo que não é o que eu esperava. Você é mesmo um pobretão, que nada vale.

E, olhando o servidor de Jesus com certo desdém:

– Quanto ganha aqui e há quantos anos trabalha?

– Ganho pouco, algo que dá para eu viver satisfeito. É muito com Deus. Trabalho aqui há mais de vinte anos, graças ao Pai!

– Logo vi. Então você, com sua mediunidade tão falada, ainda não conseguiu melhorar sua situação financeira. Não vale mesmo nada...

– Não valho mesmo, meu irmão. Muito obrigado pelo que me diz, pois eu não pude solucionar seu problema, mas meu irmão solucionou o meu, fazendo-me crer que não valho nada mesmo... Vá com Deus! Que Jesus o abençoe...

O homem do sedã soltou um palavrão, entrou no seu carro e partiu velozmente sem olhar para trás, como a dizer: "Perdi meu tempo. Vim de tão longe para ouvir bobagens..."

E tirando daí mais uma lição, concluímos: Por este mundo de Deus quantos homens assim vivem à procura de muito sem Deus!... (*Chico Xavier na intimidade* – Ramiro Gama, p. 66-67)

Chico, o sapo e a vela

Certa vez, Chico Xavier nos disse:

– Quando recebo um jornal espírita, primeiro procuro ler a opinião dos meus desafetos; depois é que leio a opinião dos amigos...

E acrescentou:

– Primeiro, o diagnóstico que fazem para as minhas enfermidades; depois, o remédio que me oferecem para elas...

Na minha ingenuidade, perguntei:

– Será possível que você tenha opositores na doutrina?

– São os mais ferozes, meu filho – respondeu.

– E os mais inteligentes. Os adversários de fora logo nos esquecem, mas os que temos dentro de casa...

– Você nunca respondeu a eles?

– Seria dispersar a atenção que me merece o trabalho dos bons espíritos. Emmanuel me ensinou que os que nos criticam de forma impiedosa e sistemática são admiradores do nosso esforço. O problema é que não conseguem renunciar a si mesmos.

– Mas você deve ficar chateado, não? – insisti.

– Se eu dissesse que não, estaria mentindo. No fundo, todos aspiramos à unanimidade de opiniões a nosso respeito, coisa que nem Jesus Cristo conseguiu ainda. Que vamos fazer, se somos assim?...

– E você nunca desanimou?

– A ideia de que não passo de um cisco me preservou de muitos delírios... Jamais acreditei ser o que dizem que sou. Chico Xavier não passa de um sapo carregando uma vela acesa nas costas; os pingos da vela derretida me fazem saltar e cumprir com o meu dever...

– Mas muitos desistem... – aduzi, mal contendo o riso, ante a humilde despretensão.

– Desistem. Não por causa das críticas que recebem, mas por causa do amor próprio... O médium que ama a doutrina mais do que a si mesmo, se não tem ânimo pessoal para continuar, prossegue pela doutrina, que sempre devemos colocar acima de todo e qualquer interesse egoístico.

– Seria bom – comentei –, se tudo fosse diferente...

– Seria, meu filho – concluiu Chico a preciosa lição. – Mas nós também não estamos preparados para isto. Se o médium escutasse apenas aplausos à sua volta, logo ele iria perguntar pela sua coroa de rei... Ora, se a única coroa que tocou para Jesus Cristo no mundo foi a de espinhos, com que tipo de coroa haveremos de querer ser coroados, se só temos lama na cabeça e pedra no coração?... (*Chico Xavier - O apóstolo da fé* – Baccelli, p. 142-143)

Capítulo XIII

COMPORTAMENTO ESSENCIALMENTE CRISTÃO

Dezessete de agosto de 1985. São aproximadamente 2 horas da manhã e a fila de pessoas parece interminável. Um senhor passa pelo Chico, fala algumas palavras aos seus ouvidos, depois sai dizendo:

– Perdoe-me, Chico. Perdoe-me! Perdoe-me... Perdoe-me!

Mais algumas pessoas passam, e não resisto à curiosidade e pergunto:

– Por que aquele homem lhe pedia perdão tantas vezes?

Chico diminuiu o tom de voz e segredou-me:

– Ele disse que veio para me matar, mas não teve coragem. Trazia um revólver por dentro da blusa.

O susto e a surpresa foram tão grandes para mim, que mal pude lhe perguntar:

– E o que você disse a ele?

– Seja feita a vontade de Deus.

E continuou atendendo a multidão como se nada tivesse acontecido. (*Chico de Francisco* – Adelino Silveira, p. 58-59)

DÍVIDA E TEMPO

Chico visitou durante muitos anos um jovem que tinha o corpo totalmente deformado e que morava num barraco à beira de uma mata. O estado de alienação mental era completo. A mãe desse jovem era também muito doente, e o Chico a ajudava a banhá-lo, alimentá-lo e a fazer a limpeza do pequeno cômodo em que morava.

O quadro era tão estarrecedor que, numa de suas visitas, em que um grupo de pessoas o acompanhava, um médico perguntou ao Chico:

– Nem mesmo neste caso a eutanásia seria perdoável?

– Não creio, doutor – respondeu-lhe o médium.

– Este nosso irmão, em sua última encarnação, tinha muito poder. Perseguiu, prejudicou e, com torturas desumanas, tirou a vida de muitas pessoas. Algumas o perdoaram; outras não, e o perseguiram durante toda a sua vida. Aguardaram a sua desencarnação e, assim que o perseguidor deixou o corpo, eles o agarraram e o torturaram de todas as maneiras durante muitos anos. Este corpo disforme e mutilado representa uma bênção para ele. Foi o único jeito que a Providência Divina encontrou para escondê-lo de seus inimigos. Quanto mais tempo aguentar, melhor será. Com o passar dos anos, muitos de seus inimigos o terão perdoado. Outros terão reencarnado. Aplicar a eutanásia seria devolvê-lo às mãos de seus inimigos para que continuassem a torturá--lo.

– E como resgatará ele seus crimes? – inquiriu o médico.

– Irmão X costuma dizer que Deus usa o tempo. E não a violência. (*Chico de Francisco* – Adelino Silveira, p. 54-55)

David Nasser e Jean Manzon, acompanhados por um guarda-costas corpulento, entraram no lar de Chico Xavier, dizendo que desejavam fazer uma reportagem. Chico, orientado pelos espíritos, respondeu que nada tinha a declarar. O médium encontrava-se na sala, ao lado da cama, onde um sobrinho seu, deficiente físico, dormia. Mas não pôde escapar. Os repórteres ergueram o menino deficiente que, como um objeto, foi jogado das mãos de um para outro e, assim, sucessivamente.

Chico Xavier, com os braços abertos, tentava pegar a criança. Implorava aos repórteres que parassem com aquilo. O próprio guarda-costas, enojado, recusou-se a participar da "brincadeira". Depois, Chico foi levado ao banheiro, onde Nasser e o guarda-costas colocavam-no em várias posições para que Jean Manzon o fotografasse.

Uma infâmia! Esse episódio deixou marcas profundas na alma sensível do médium que, no entanto, a exemplo de Jesus, em relação a Iscariotes, perdoou os repórteres.

Depois daquela malfadada reportagem, David Nasser e Chico Xavier nunca mais se encontraram. Nasser e Manzon haviam ido disfarçados ver Chico Xavier e, na despedida, o médium lhes deu dois exemplares de *O Evangelho segundo o Espiritismo* com dedicatória, desmascarando-os, portanto. Todavia, na revista *O Cruzeiro*, não aparece, na dedicatória, o nome daqueles repórteres.

Foram publicadas, anos depois, na mesma revista *O Cruzeiro*, um total de 70 páginas arrasando o espiritismo, durante três meses consecutivos. As reportagens tiveram repercussão internacional, já que *O Cruzeiro* também era editada em espanhol. A diretoria da revista apoiava firmemente os repórteres e suas reportagens.

Vemos que ao lado de sua personalidade característica muito lutou e sofreu para hoje nos deixar o legado de seu amor. "Graças a Deus, não me lembro de ter revidado a menor ofensa das inúmeras que sofri, certamente objetivando, todas elas, o meu aprendizado. E não me recordo de que tenha, conscientemente, magoado a quem quer que fosse..."

Um caso de identificação espiritual

Certa vez, estando nosso estimado Chico em São Paulo, aproveitou para fazer uma visita de rotina ao seu médico oftalmologista, Dr. Nadir Sáfadi, que vinha cuidando de suas dificuldades de ordem visual.

O respeitado médico examinava as órbitas oculares de Chico com toda a atenção e cuidado que a profissão exige, quando soltou-lhe, à queima-roupa, a seguinte questão:

– Chico, me diga uma coisa. Você vê mesmo os espíritos?

Ao que Chico respondeu, prontamente:

– Vejo, sim, senhor, Dr. Nadir. É verdade que trago comigo a faculdade mediúnica da vidência!

O médico, curioso, retrucou-lhe:

– Mas como é que enxerga os espíritos com estes olhos, assim, tão debilitados? Você os vê com estes olhos mesmo?

– Ah, não senhor. A mediunidade vidente não depende dos olhos do corpo físico. O assunto nos exige muito estudo – disse-lhe o médium.

– Então, me diga se está vendo algum espírito aqui, em meu consultório, Chico.

– Eu confirmo que estou vendo um espírito aqui conosco, Dr. Nadir.

– Mas, então, me diga: Quem é que está aqui? Qual o nome dele?

Chico parou por um momento, meio desconcertado. O espírito já havia se identificado, mas o estimado médium vacilava entre aceitar ou não aquele nome tão incomum. "Afinal – pensava Chico – será que estou sendo vítima de alguma chacota dos espíritos? Não me lembro de ter ouvido este nome antes, um nome assim tão estranho, me fazendo lembrar a figura da cebola! Meu Deus, que fazer?"

Tudo isso pensava silenciosamente o médium, deixando Dr. Nadir na expectativa da resposta.

Ante a sua insistência, Chico respondeu:

– Ele está me dizendo chamar-se Senobelino Serra. Diz ter sido natural de São José do Rio Preto. Dr. Senobelino Serra.

– Oh, Chico! Não me diga que ele está aqui conosco! – espantou-se Dr. Nadir. – Dr. Senobelino Serra foi meu professor. Foi muito amigo meu!

Mais aliviado com a confirmação da identidade espiritual, Chico completou:

– Pois, então, é ele mesmo, Dr. Nadir. Ele está me dizendo que foi designado pela Espiritualidade Maior para ajudar o senhor na profissão de médico oftalmologista, juntamente com outros amigos, porque o senhor ajuda muita gente aqui no consultório, Dr. Nadir!

Visivelmente emocionado, o médico nada mais perguntou. (*Chico Xavier – Mandato de amor* – União Espírita Mineira, p. 100-101)

HISTÓRIA DE NANCY LEITE DE ARAÚJO

Vou contar-lhes dois casos interessantes ocorridos entre uma amiga minha e Chico Xavier. Chamava-se ela

Nancy Leite de Araújo, grande trabalhadora da seara espírita, no que tange à evangelização infantil, estando, na época, presidindo o Centro Espírita Ibirajara no Rio de Janeiro, onde frequentamos desde a nossa mocidade, que já vai longe! De 1º a 5 de outubro de 1989 realizava--se o Congresso Internacional de Espiritismo em Brasília. Nancy ainda não tinha recebido a confirmação de sua ida ao referido Congresso, quando, em sonho, vê o Chico sentado ao seu lado conversando sobre questões ligadas ao Evangelho. À sua frente aparece um prato no feitio de um peixe, símbolo do cristianismo primitivo. Nancy não sabia ainda da confirmação de sua ida ao Congresso que lhe veio dias depois. Também quando esteve em Pedro Leopoldo, pela primeira vez, ficou muito admirada, pois o Chico a recebeu da seguinte forma:

– Nancy, que bom revê-la!

– Como você sabe o meu nome? – ela questionou.

– Reconheci-a pelos olhos, pois nós já nos encontramos, diversas vezes, durante o nosso sono físico.

É... esse é o Chico!

Não precisa de médico, mas de prece

Quando o caso Humberto de Campos vivia sua fase aguda, Chico foi experimentado por todos os meios. Inimigos ocultos, que nos adversam a crença, procuravam apanhá-lo numa infração, num deslize, numa mistificação, em algo que ferisse a lei de César e pudesse servir de motivo para sua prisão e desabono de sua famosa mediunidade.

Numa tarde, descansando das lutas diárias, lia a um canto do seu humilde quarto, quando alguém lhe bate à porta e pede:

– Seu Chico! Tenho um parente muito doente e venho pedir-lhe, por caridade, uma receita...

Chico atendeu. Era um senhor idoso, desconhecido em Pedro Leopoldo. Toma-lhe o papel com o nome, a idade e a residência do enfermo e diz:

– Espere um instante... Vou ver o que posso fazer.

Ao sentar-se, concentra-se e o espírito Emmanuel vem e lhe diz:

– Cuidado, Chico, com os pedidos de receitas e as aparências dos que lhe batem à porta... Escreva: "Este doente não precisa mais de remédio, mas de prece. Pois já é um desencarnado."

O médium arregala os olhos e agradece ao seu guia. Compreende tudo e promete a si mesmo ter mais cautela... E entrega a "receita" ao portador, que a recebe pressuroso. Surpreende-se com o que lê e sai correndo... Adiante, numa esquina, outros amigos o esperavam ansiosos. Leem o "remédio" receitado pelos espíritos e saem às pressas, verificando que o espiritismo não é uma mentira como supunham, mas uma verdade triunfante em marcha para seus destinos consoladores traçados por Jesus. E compreenderam mais: que os mortos estão de pé e mais vivos do que nunca!... (*Chico Xavier na intimidade* – Ramiro Gama – p. 79 e 80)

VOCÊ ME CHAMOU?

A vida de Chico foi sempre um sacrifício constante. Os que vão procurá-lo porque sofrem não sabem o quanto ele já sofreu e continua sofrendo. Certa vez ele nos disse: – O espírita chora escondido; depois lava o rosto e vai atender a multidão sorrindo.

E foi numa dessas épocas em que o sofrimento lhe bateu mais fortemente às portas da alma que aconteceu o que narramos a seguir. Após um dia inteiro de trabalho, quando ia se preparar para dormir suas duas ou quatro horas de sono, apareceu-lhe uma figura diabólica e perguntou:

– Você me chamou?

A voz era arrepiante. E quando Chico ia responder, ouviu Emmanuel:

– Não diga que não.

Ficou pensando em o que falar durante um minuto. E minutos em frente de uma criatura daquelas se contam por séculos, ensina o Chico.

– Você me chamou? – tornou a perguntar a criatura.

– Chamei, sim, senhor – respondeu Chico.

– O que você quer?

– É que a vida está tão difícil para mim atualmente que eu queria que o senhor me abençoasse em nome de Deus ou em nome das forças que o senhor crê.

O espírito olhou-o de maneira enigmática e ajuntou:

– É, Chico Xavier... Com você está muito difícil.

E desapareceu. (*Chico de Francisco* – Adelino da Silveira, p. 62-63)

*Planejar a infelicidade dos outros
é cavar com as próprias mãos um
abismo para si mesmo.*
Chico Xavier

Capítulo XIV

Nossa responsabilidade na doutrina espírita

EM NOSSAS TAREFAS E lides doutrinárias, em vez de deixar que prevaleçam os interesses da doutrina acima dos nossos, lutamos para que os nossos interesses prevaleçam e, não raro, nem nos apercebemos disto, tal o grau de inconsciência que nos comanda as ações. Dominados pelo personalismo, erva daninha difícil de ser extirpada do campo de nossas almas, reparamos com insistência o argueiro no olho do próximo e não conseguimos enxergar a trave que nos obstrui a própria visão...

Afirmamos que a vaidade está possuindo o coração de determinados companheiros de ideal, quando, na maioria das vezes, somos nós mesmos os que permanecemos dominados por ela. Pregamos fraternidade e união, atirando pedras de maledicência naqueles com os quais não simpatizamos. Sempre à espreita, no que vislumbramos uma oportunidade de crítica aos irmãos que lutam por manter certa coerência doutrinária em suas atitudes, expomos os nossos reais sentimentos em relação a eles.

Em 18 de abril de 1985, escreveu-nos Chico Xavier que, "para a grandeza inamovível dos ensinamentos do Cristo, dois milênios são um tempo muito escasso..." Que dizer do espiritismo, com o qual estamos lidando há pouco mais de 100 anos?! Quantas encarnações necessitaremos para vivenciar a mensagem do Evangelho Redivivo?!...

Temos a impressão de que nós, os espíritas, estamos cultivando uma messe abençoada, sem que dela possamos nos alimentar; distribuímos os seus frutos com milhares de famintos, mas duvidamos do seu próprio valor nutritivo à nossa fome de luz...

Em uma outra ocasião, registramos de Chico a séria afirmativa: "Os espíritas estão desencarnando mal..." Isto significa que amargas decepções nos esperam além-túmulo, caso não nos preocupemos primeiro com a nossa renovação, porque, em verdade, consoante as palavras do Mestre, nem todos os que lhe dizem "Senhor, Senhor" entrarão no Reino dos Céus.

Reflitamos, portanto, na enorme responsabilidade que nos pesa sobre os ombros pelo conhecimento da doutrina espírita, não nos esquecendo de que todos, invariavelmente, seremos chamados a prestar contas, não apenas de nossas atitudes, mas também e, principalmente, de nossas intenções, uns à frente dos outros. (*Chico Xavier – 70 anos de mediunidade* – Carlos Baccelli – p. 62-63).

Capítulo XV

PALAVRAS FINAIS

FRANCISCO CÂNDIDO XAVIER!

JÁ SE PASSARAM 16 anos de seu desenlace, ocorrido a 30 de junho de 2002, justamente no dia em que o Brasil se sagrou pentacampeão mundial de futebol. Dizia Chico, aos amigos mais íntimos, desejar partir num dia em que a nação brasileira estivesse muito feliz, a fim de não causar tristeza. Será que conseguiu?

Tem sido difícil, certamente, a sua ausência no panorama do Movimento Espírita Brasileiro. Deixou-nos, contudo, uma mensagem grandiosa: sua vida de renúncia completa aos bens materiais, ao poder que seria fácil exercer sobre os que o procuravam. E nos deu o exemplo de uma vida dedicada ao próximo.

Sua mediunidade gloriosa exerceu-a com autenticidade, dignidade, sem personalismo e com uma humildade franciscana.

Tendo sabido honrar a missão que lhe foi confiada, não poderá estar senão junto a entidades iluminadas que, certamente, o terão auxiliado a alçar o caminho do mestre Jesus!

Se eu dispusesse de autoridade, rogaria aos homens que estão arquitetando a construção do Terceiro Milênio que colocassem no portal da Nova Era as inolvidáveis palavras de Nosso Senhor Jesus Cristo: "Amai-vos uns aos outros, como eu vos amei".

Chico Xavier

MENSAGENS E CARTAS

Pedro Leopoldo, 29-4-49

Querida irmã Terezinha

Meus votos a Jesus por sua saude
e paz, junto de todos os seus entes a-
mados. Recebi sua carta generosa e
amiga que me trouxe grande alegria.

Pelo nosso estimado Carlinhos, eu
ja conhecia a grandeza de sua alma
e peço aos nossos Benfeitores Espirituais auxilia-la em sua bela
missão entre nós. Servir á nossa
grande e abençoada Causa, através
da arte, é um ministerio sublime.
Diz o nosso abnegado Emmanuel
que "a arte é uma permanente mensagem do céu, para a terra e
todos aqueles que a estendem em
nosso mundo, através da poesia, da

música, da côr, do ritmo e do
verbo, são missionários da vida
superior". Abençoada, pois, seja
a sua tarefa, minha admiravel
Irmãzinha! Suas mãos de
benfeitora plantarão com certeza
numerosos jardins no solo
de nosso planeta obscuro e
ainda perturbado. Saúdo sua
vinda, como o viajante saúda
uma estrela que aparece no
firmamento para iluminar as
sombras da estrada.
Deus a fortaleça e guie sempre.
Pedi ao nosso clínico espiritual por seu paizinho e
êle prometeu auxilia-lo com
todos os recursos, ao seu
alcance, através de passes
e faço votos para que êle

já se encontre restabelecido. Se perdurarem os fenômenos orgânicos da pneumonia, a penicilina é a nossa indicação fundamental, não é? Estou certo de que você está muito forte aí, ao lado do nosso estimado enfermo, ajudando-o a restaurar-se como convém.

Carlinhos me escreveu queixando falta de suas notícias. Estava desolado. Agora, penso que êle já se encontra novamente feliz. Suas palavras para êle são luzes e bênçãos, assim como para todos nós, que êle admiramos as virtudes de menina-e-moça consagrada a Jesus.

Chico

Meus respeitos ao seu
Paizinho e á sua Mãezinha
pelo coração.

Peço aos nossos Protetores para
que a sua saude esteja refeita.
Tem continuado em tratamento?
Espero que sim. E faço muito
votos pelo triunfo que aguar-
damos — isto é — seu completo
restabelecimento.

Adeus, Terezinha.

Não me esqueça em suas preces,
Rogando ao Céu para que
você possa cumprir todo o
seu idealismo sublimado na
Terra, abraça-a, muito afetuosa
mente, o seu menor servidor muito
reconhecido.

Chico

Pedro Leopoldo, 17-6-49

Minha estimada Therezinha

Deus abençôe você.

Somente hoje, minha prezada netinha, é que estou respondendo sua carta de 8 dêste mês. Fiquei muito feliz com as suas palavras carinhosas. Dou-lhe muita razão em todas as ponderações que formulou ao seu Vovozinho, no romance luminoso que vou tecendo em minha velhice, mas preciso explicar a Você o que vai ocorrendo.

Acontece que tenho vários netinhos e com todos devo entreter as relações de modo especial, á maneira dêles, mesmos. Compreende? Quando algum me apresenta um tema de história devo conversar história;

se outros comentam algum caso de física ou de química, devo arranjar algum apontamento alusivo á essas ciencias para vê-los contentes comigo. O meu netinho Carlos, porem, - o mais novo de todos é por isso mais entranhado na ternura do Vovô - possúe um tema central em todas as conversações. Sabe qual? É o seguinte — "Therezinha... Therezinha.... Therezinha..." Se eu não falar em Therezinha nunca sorrirá para mim. Eu então fui obrigado a ampliar todos os quadros do tema e pensei logo em uma Côrte de União e Amizade, onde você é a Princeza e êle o Principe". Você me perdôa, não é? Com essa organização ideal temos

sonhos e o meu netinho Carlos ouve
agora o Vovozinho com risonho interesse
porque, de qualquer modo, eu me
via compelido a afeiçoar-me ao
tema. E estimando profundamente
o meu neto, penso que você, a nossa
Princezinha Venerida, não ficará zanga-
da por ver-me sonhar. Os velhinhos,
Thereza, estimam essas doces visões
do futuro e amo tanto a vocês dois
que não medito em ambos sem
ver, á frente dos olhos, um sublime
castelo, rodeado de flores.
Minha bondosa netinha, deixe-me
sonhar, sim? E desculpe ao seu
Vovô aquelas "70 X 7" do Evangelho.
Tenho orado fervorosamente pela paz
de sua Mãezinha e de seu amado Lar
e espero que a situação de seu primo
esteja amenizada. Penso, comovidamente, na

progenitora do pequeno e unirei minhas preces com as de vocês para que ela seja beneficiada pela luz do Alto.

Estou imensamente alegre com as suas melhoras. Graças a Deus! que felicidade! Nossos Amigos Espirituais prometem-me auxiliar você em todas as lutas pela restauração física. O seu Vovozinho espera que a sua garganta seja a de um rouxinol divino cantando para a redenção da Terra.

Ficarei na espectativa de abraçar seu Paizinho no fim do ano, segundo me prometeu. Você recebeu as receitas que enviei? Espero que sim.

Com um abraço muito grande e com toda a minha reverencia á nossa amada Princeza da Divina Luz, sou o seu Vovozinho muito reconhecido.

Chico

Pesquisas de opinião pública

CHICO XAVIER FOI VENCEDOR em algumas pesquisas de opinião pública, movidas pelos veículos de comunicação de Massa – A Rede Globo, por meio de sua filiada *TV Minas*, e a revista *Época*. A pesquisa Mineiro do Século foi realizada pela *Rede Globo Minas* e apresentada em novembro de 2000. Chico Xavier aparece no topo do *ranking*. Em 2006, foi a vez da revista *Época*, em sua edição 434, de 11 de setembro, apontar Chico Xavier como "O Maior Brasileiro da História", em pesquisa feita pela Internet. Veja, abaixo, os quadros de pontuação.

Mineiro do Século – TV-Minas

Personalidade	Votos
1º Chico Xavier	704.030
2º Santos Dumont	701.598

3° Pelé	260.336
4° Herbert de Souza (Betinho)	259.051
5° Carlos Drummond de Andrade	142.809
6° Ary Barroso	140.406
7° Juscelino Kubitschek	134.894
8° Carlos Chagas	129.824
9° Guimarães Rosa	44.816
10° Sobral Pinto	41.757

O MAIOR BRASILEIRO DA HISTÓRIA - REVISTA ÉPOCA

Personalidade	Votos
1° Chico Xavier	9.966
2° Ayrton Senna	5.637
3° Pelé	4.320
4° Garrincha	924
5° Santos Dumont	854
6° Juscelino Kubitschek	830
7° Lula	540
8° Getúlio Vargas	519

Informações sobre a Autora

Therezinha Rebello de Mendonça Radetic, nascida a 14 de janeiro de 1928, no Rio de Janeiro, filha de Durval Rebello de Mendonça e Aristotelina Madruga de Mendonça (já falecidos), foi educada pela família Reis – Vicente e Luísa – seus pais adotivos, dos quais recebeu todo o carinho e instrução. Desde cedo, logo após sua alfabetização, aos 6 anos de idade, compôs sua primeira trova. Estudou no Instituto Rabello e no Colégio Vera Cruz, conceituados estabelecimentos educacionais da época. Aos 14 anos, escreveu seu primeiro soneto e iniciou sua colaboração na revista *Beira-Mar* e em outros jornais do interior.

Dedicou-se, inicialmente, ao canto e ao piano, diplomando-se em 1957, pela então Escola Nacional de Música da Universidade do Brasil, tendo como mestres Atalina Ferrone, Antonieta de Souza, Marieta Campello Barroso (canto) e Elzira Amábile (piano).

Aos 19 anos, numa busca filosófica, tornou-se espírita cristã e, aos 20, participou do 1º Congresso de Mocidades Espíritas do Brasil. A favor da doutrina que abraçou, onde militou até sua desencarnação, realizou inúmeros festivais de arte. Participou, durante anos, da Secretaria de Assuntos Lítero-Artísticos da Federação Espírita Brasileira, no seu Departamento de Juventude, tendo sido colaboradora de *Brasil Espírita*.

Em 1959 apareceu na primeira *Antologia de Poetas Espíritas*, organizada por Clóvis Ramos. Trabalhou na L.A.S.A. (Levantamentos Aerogramétricos S.A.), ingressou no C.N.G., de onde saiu para dedicar-se ao magistério estadual por concurso de provas e títulos, em 1962.

Em 1960, casava-se com Ermelindo Antonio Radetic, uma das grandes expressões odontológicas, na especialidade de Endodontia. Tem uma filha, Maria Luísa, e outra, adotiva, Helena.

Atuando no Ensino Supletivo, tornou-se professora de Classes Especiais do Instituto Penal Dias Moreira.

Diplomou-se em Pedagogia pela UERJ nas atividades ligadas ao Ensino Normal e, em 1976, em Fonoaudiologia, pela Faculdade Estácio de Sá. Entrementes, ingressava no Magistério municipal por concurso de provas e títulos, no cargo de professor de Educação Musical.

De 1976 a 1984 exerceu a função de fonoaudióloga do Instituto Municipal de Medicina Física e Reabilitação Oscar Clark.

Em 1978 faz o curso de Especialista em Educação pela UERJ.

Participou de congressos, jornadas, simpósios na sua

área de trabalho. Obteve menção honrosa no IV Concurso Raimundo Correia de Poesia, realizada pela Shogun Arte, e medalhas no VI, VII e VIII Festivais de Poesia em 1985-1986.

Participou como membro da Comissão Selecionadora de Trovas Humorísticas do Mini Museu Manoel Barbosa Pina e das duas primeiras edições do Salão Nacional de Poesias Ilustradas (S.B.B. Artes).

Classificada na 1ª Noite de Poesias e Trovas do Rio de Janeiro, patrocinada pela Riotur e revista *Fique Sabendo*.

Apareceu em *Poetas do Brasil* (1982/3°Vol.) de Aparício Fernandes e, depois, em 1983, 1984, 1985 e 1986: *Poetas Brasileiros de Hoje* (1984) da Shogun Arte; *Trovadores Brasileiros* (1984) da Shogun Arte; *Poetas Brasileiros de Hoje* (1985) da Shogun Arte; *Beija-Flor na Trova*, de Clodoaldo Abreu Filho (1985); *Trovadores Brasileiros da Atualidade* (Edições Caravelas - 1985); *Brasil Trovador*, de Laís Costa Velho (1986). "Especialista em Voz" pela Universidade Estácio de Sá, obtendo o 2° lugar com a monografia "O Cantor Erudito Cantando e Falando". Ex-professora de canto da Academia de Música Lorenz Fernandez.

Poeta, declamadora, trovadora, escritora e cantora, foi membro da Academia de Letras do Estado do Rio de Janeiro, onde ocupou a cadeira de Vicente de Paula Reis e da Academia Brasileira de Trovas (Martins Fontes).

Sempre foi convidada a julgar concursos de trovas e poesias.

Desde os 19 anos participava de eventos na área da doutrina espírita, tendo sido palestrante e militante da filosofia espírita.

Durante vários anos (10), por ocasião dos Seminários Nacionais da Trova, sob a direção de Clério Borges e Eno Wanke, contribuiu com a palestra: "A Trova Mediúnica".

Obteve medalhas em concursos de poesias e eventos culturais:

- Medalha Horácio de Almeida - 1980.
- VIII Rústica Vices - 1986.
- Medalha Modesto de Abreu.
- CACIG - Espaço Livre de Poesia - 1987.
- GALMA – 1990 - 1993.
- AAFBT - ABT - ABDL - ACLERJ (2002-2003).
- AMLA - 1991.
- Medalha Juscelino Kubitscheck - Ordem Internacional das Ciências, Artes, Letras.
- Casa do Mestre - Magé: 2002-2004. Mérito Cultural Francisco Nobre - 2008.
- Prêmio Jorge Rizzini - 1° lugar Poesia Temática Espírita - 2010 - 2011 - 2012.
- Fundadora e Presidente da ADARTE - 1990, com vários recitais artísticos e beneficentes.
- Verbete no Dicionário de Poetas Contemporâneos de Francisco Igreja.
- Medalha de Prata, 2° lugar, no Concurso de Ensaio sobre José de Anchieta, promovido pela Academia Luso-Brasileira de Letras – 2014.

BIBLIOGRAFIA

- Exercícios de psicorrítmica (música)
- O bem-me-quer do meu sonho (poesia)
- Catedrais (poesia)
- Eno·Teodoro Wanke, sua vida e sua obra
- Falando de arte à luz do espiritismo (Lorenz)
- Comunicação espírita – Editora EME
- Mulher – uma visão histórica e espiritual - Editora EME
- No prelo:
- Memórias de um pássaro preto (infantojuvenil, Prêmio Luiz Jardim da UBE)
- Do sonho mediúnico à realidade poética.
- Os mortos continuam de pé.

PRESERVANDO A MEMÓRIA DOS FATOS

Para preservação da memória de fatos relevantes na História do espiritismo no nosso país, deixo aqui uma cópia do convite do I Congresso de Mocidades Espíritas do Brasil do encontro na Casa de Luciá na tarde de 24 de julho de 1948.

Também nesse mesmo ano aconteceu no Centro Espírita Júlio César a fundação da Mocidade Espírita Pestalozzi onde estive junto aos grandes vultos da época, como Leopoldo Machado, Clóvis Ramos, Lauro Pastor, Jane Azevedo, Daizy Pastor e outros.

Passados tantos anos em que lutas e sacrifícios, alegrias e bênçãos me visitou, tenho apenas que agradecer e contar um pouco do que se passou como testemunha e participante que fui com tanto entusiasmo, quando cantava de mãos dadas a célebre canção "Alegria Cristã".

Estou, portanto, feliz e desejo continuar a ser fiel trabalhadora da doutrina no mais além, quando encetar a minha grande viagem[7].

---

7. Therezinha Radetic desencarnou em 2018 quando preparávamos a edição deste livro. **Nota da editora**.

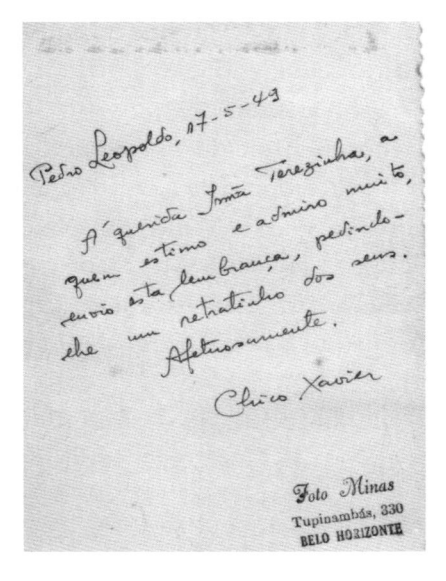

MOCIDADE ESPÍRITA PESTALOZZI – RIO DE JANEIRO

1. Leopoldo Machado – o grande incentivador do Movimento das Mocidades
2. Daisy Pastor Almeida
3. Lauro Pastor de Almeida – Presidente da Mocidade
4. Sr. Tinoco – Presidente do Centro Júlio César
5. Therezinha Rebello de Mendonça (Radetic hoje)
6. Clóvis Ramos – jovem da Mocidade e escritor
7. Jane Azevedo - jovem da Mocidade e escritora
8. Dulce Almeida - jovem da Mocidade

A foto é do dia da fundação da Mocidade Pestalozzi, em 1948, logo após o 1º Congresso de Mocidades Espíritas do Brasil.

BIBLIOGRAFIA

ALEIXO, Sérgio Fernandes. *Reencarnação*. 3ª ed. Lachâtre, 1999.

BACCELLI, Carlos A. Chico Xavier – *O Apóstolo da fé*. Uberaba, MG: Livraria Editora Edições Pedro e Paulo, 2002.

_____. Carlos A. Chico Xavier – *70 Anos de Mediunidade*. Votuporanga, SP: Casa Editora Espírita Pierre Paul Didier, 1997.

_____. Carlos A. Chico Xavier – *O amigo dos animais*. 2ª ed. Uberaba, MG: Livraria Editora Edições Pedro e Paulo, 2008.

BÍBLIA SAGRADA – Novo e Velho Testamento.

III Congresso Espírita Brasileiro - Centenário de Chico Xavier. FEB, 2010.

CARVALHO, Antonio Cesar Perri de; MELO, Oceano Vieira de. Depoimentos sobre Chico Xavier. Rio de Janeiro, RJ: FEB, 2010.

Correio Espírita, novembro 2008, nº 41, ano IV.

Correio Espírita, março 2010, nº 57, ano VI.

Correio Espírita, abril 2010, nº 58, ano VI.

Correio Espírita, maio 2010, nº 59, ano VI.

Correio Espírita, junho 2010, nº 60, ano VI.

Correio Espírita, novembro 2010, nº 65, ano VI.

Damas, Jorge Martins. *Bezerra de Menezes e Chico Xavier*. Rio de Janeiro, RJ: Ideia Jurídica, 2014.

DELANNE, Gabriel. *A evolução anímica*. 4ª ed. Rio de Janeiro, RJ: FEB, 1974.

_____. Gabriel. *O fenômeno espírita*. 3ª ed. Rio de Janeiro, RJ: FEB, 1977.

DENIS, Léon. *Depois da morte*. 3ª ed. Rio de Janeiro, RJ: Edições Celd, 2011.

_____. Léon. *O problema do ser, do destino e da dor*. Rio de Janeiro, RJ: FEB, 2008.

EMMANUEL (espírito). *Deus conosco* – Psicografia de Francisco Cândido Xavier, organização de Wanda Amorim Joviano, Geraldo Lemos Neto. 2ª ed. Belo Horizonte, MG: Vinha de Luz, 2008.

_____. *Emmanuel*. Psicografia de Francisco Cândido Xavier, São Paulo, 2000.

_____. *Justiça divina*. Psicografia de Francisco Cândido Xavier, Rio de Janeiro, RJ: FEB, 2008.

_____. *O consolador*. Psicografia de Francisco Cândido Xavier, Rio de Janeiro, RJ: FEB.

_____. *Palavras de Emmanuel*. Psicografia de Francisco Cândido Xavier, Rio de Janeiro, RJ: FEB, 1992.

FRANCO, Divaldo. *Estudos espíritas*. 9ª ed. Rio de Janeiro, RJ: FEB, 2011.

_____. Divaldo – Joanna de Ângelis. *Lampadário espírita*. 6ª ed. Rio de Janeiro, RJ: FEB, 1996.

GAMA, Ramiro. *Lindos casos de Chico Xavier.* 8ª ed. São Paulo, SP: Editora Lake.

_____. Ramiro. *Chico Xavier na intimidade.* 2ª ed. São Paulo, SP: Editora Lake, 2003.

_____. Gonçalo Ferreira da. *O maior médium do mundo morre.* Academia Brasileira de Literatura de Cordel, 2002.

KARDEC, Allan. *A Gênese.* 41ª ed. FEB, 2002.

_____. Allan. *O Livro dos Espíritos.* Edição Histórica Bilíngue, Rio de Janeiro, RJ: FEB, 2013.

_____. Allan. *Obras Póstumas.* 26ª ed. Rio de Janeiro, RJ: FEB, 2002.

KUHL, Eurípedes. *Genética e espiritismo.* 2ª ed. Rio de Janeiro, RJ: FEB, 1997.

LEAL, José Carlos. *Reencarnação.* Editora Léon Denis, 2009.

L GASTON. *Léon Denis – O apóstolo do espiritismo, sua vida, sua obra.* 3ª ed. Rio de Janeiro, RJ: Edições Celd, 2010.

MONTEIRO, Eduardo Carvalho. *Sala de visitas de Chico Xavier.* Coedição Eldorado/EME, 2002.

MOUTINHO, João. *Os profetas.* FEB, 2009.

NOBRE, Marlene R. S. *Lições de sabedoria.* 2ª ed. São Paulo, SP: *Folha Espírita*, 1997.

PIRES, Herculano. *Chico Xavier pede licença.* 2ª ed. São Paulo, SP: Grupo Emmanuel, 1972.

RAMOS, Clóvis. *Leopoldo Machado – Ideias e ideais.* Rio de Janeiro, RJ: Edições Celd, 1995.

_____. Clóvis. *50 anos de Parnaso.* Rio de Janeiro, RJ: FEB, 1981.

RANIERI. *Recordações de Chico Xavier*. Cambuci, SP: Editora Lake, 1974.

REVISTA ESPÍRITA, 1958.

SCHUBERT, Suely Caldas. *Testemunhos de Chico Xavier*. 2ª ed. Rio de Janeiro, RJ: FEB, 1991.

SILVEIRA, Adelino. *Chico de Francisco*. 4ª ed. São Paulo, SP: Cultura Espírita União, 1987.

SOUTO MAIOR, Marcel. *A história do filme de Daniel Filho*. São Paulo, 2010.

TAVARES, Clóvis. *Trinta anos com Chico Xavier*. São Paulo, SP: Instituto de Difusão Espírita, 1981.

UNIÃO ESPÍRITA MINEIRA. *Chico Xavier mandato de amor*. 2ª ed. Belo Horizonte, MG, 1992.